全面建成小康社会
奔向美好生活新时代

杨静　张晨　封世蓝　著

人民东方出版传媒
東方出版社

目录
CONTENTS

绪　论…………………………………………………… 001

第一章　教育：强国教育与全面小康……………………… 021

第二章　医疗：全民健康与全面小康……………………… 079

第三章　住房：住有所居与全面小康……………………… 141

第四章　生态：生态文明与全面小康……………………… 191

参考文献………………………………………………… 265

后　记…………………………………………………… 271

绪论
全面小康与美好生活

2020 年是全面建成小康社会的决胜之年、收官之年。习近平主席在 2020 年的新年贺词中说："2020 年是具有里程碑意义的一年，我们将全面建成小康社会，实现第一个百年奋斗目标。"[①] 现在，我们离这一历史性时刻越来越近，我们正亲历和见证着中华民族无惧风雨、一往无前地从一穷二白到总体小康、从全面建设小康社会到全面建成小康社会的历史进程。2020 年亦是一个新起点，全面建设社会主义现代化强国的新征程即将展开，未来正在向我们招手，等待着全体中国人民在中国共产党的带领下，不断高歌猛进，创造更加幸福美好的生活。

一、从小康到全面小康

早在 2000 多年前的西周，小康一词便出现在《诗经》之中。

---

①《习近平：2020 年将全面建成小康社会，实现第一个百年奋斗目标》，新华网 2019 年 12 月 31 日。

《诗·大雅·民劳》中有“民亦劳止，汔可小康”的诗句，这是说老百姓终日劳作不止，最大的希望就是过上小康生活，表达了人们对安定生活的朴素理想。儒家典籍《礼记·礼运》上说：“故谋用是作，而兵由此起；禹、汤、文、武、成王、周公由此其选也。此六君子者，未有不谨于礼者。以著其义，以考其信，著有过，刑仁讲让，示民有常。如有不由此者，在势者去，众以为殃。是谓小康。”在这里，小康描述了古代明君治理下的盛世景象，政治清明、轻徭薄赋、和平安定，人民丰衣足食、安居乐业。小康反映了中华民族对美好生活的追求和向往。2014 年 9 月，习近平总书记在纪念孔子诞辰 2565 周年国际学术研讨会暨国际儒学联合会第五届会员大会开幕会上强调：“使用‘小康’这个概念来确立中国的发展目标，既符合中国发展实际，也容易得到最广大人民理解和支持。”[①]

1979 年，正值我国改革开放刚刚拉开序幕、党和国家把工作的中心转到了经济建设上来，邓小平在会见日本首相大平正芳时提出小康的设想。在这次会面中，日本首相大平正芳向邓小平提问：“中国未来的现代化蓝图是如何构思的？”邓小平回答道：“我们要实现的四个现代化，是中国式的四个现代化。我们的四个现代化的概念，不是像你们那样的现代化的概念，而是‘小康之家’。到本世纪末，中国的四个现代化即使达到了某种目标，我们的国民生产总值人均水平也还是很低的。要达到第三世界中比较富裕一点的国家的水平，比如国民生产总值人均一千美元，也

① 习近平：《在纪念孔子诞辰 2565 周年国际学术研讨会暨国际儒学联合会第五届会员大会开幕会上的讲话》，人民出版社 2014 年版，第 13 页。

还得付出很大的努力。就算达到那样的水平，同西方来比，也还是落后的。所以，我只能说，中国到那时也还是一个小康的状态。”[①]这是我们党和国家领导人面对世界大势和现实国情第一次明确提出小康设想。

在这之后，邓小平又多次提到小康设想。1982 年 8 月 21 日，正值党的十二大召开前夕，邓小平在会见联合国秘书长德奎利亚尔时说：“我们摆在第一位的任务是在本世纪末实现现代化的一个初步目标，这就是达到小康的水平。”[②]1983 年春天，邓小平就实现小康的问题到经济发展较快的江浙地区调研。调研回到北京后，他根据调研了解到的情况，详细谈了他关于心中小康社会的基本构想：“第一，人民的吃穿用问题解决了，基本生活有了保障；第二，住房问题解决了，人均达到二十平方米……第三，就业问题解决了，城镇基本上没有待业劳动者了；第四，人不再外流了，农村的人总想往大城市跑的情况已经改变；第五，中小学教育普及了，教育、文化、体育和其他公共福利事业有能力自己安排了；第六，人们的精神面貌变化了，犯罪行为大大减少。”[③]较之于之前将小康定义为国民生产总值人均一千美元，邓小平此次谈话描绘的小康景象包含了经济、政治、文化、教育、就业、社会文明六个方面的内容，形成了一个更具体、更清晰、更全面、更强调协调发展的社会目标。

1982 年 9 月，党的十二大正式提出“从 1981 年到本世纪末

① 《邓小平文选》第 2 卷，人民出版社 1994 年版，第 237 页。

② 《邓小平文选》第 2 卷，人民出版社 1994 年版，第 416—417 页。

③ 《邓小平文选》第 3 卷，人民出版社 1993 年版，第 24—25 页。

的20年，我国经济建设总的奋斗目标是，在不断提高经济效益的前提下，力争使全国工农业总产值翻两番……实现了这个目标，城乡人民的收入将成倍增长，人民的物质生活可以达到小康水平”。这是党的全国代表大会首次使用小康概念，并把它作为主要奋斗目标和我国国民经济与社会发展的阶段性标志。

1987年10月，党的十三大提出了分三步实现现代化的经济发展战略，即第一步实现国民生产总值比1980年翻一番，解决人民的温饱问题；第二步到20世纪末，使国民生产总值再增长一倍，人民生活达到小康水平；第三步到21世纪中叶，人均国民生产总值达到中等发达国家水平，人民生活比较富裕，基本实现现代化。其中第二步就是实现小康。

随着我国经济社会的快速发展，“三步走”战略第一步提前实现。1991年3月，七届人大四次会议通过的《关于国民经济和社会发展十年规划和第八个五年计划纲要》对小康进行了新的描述，指出：“我们所说的小康生活，是适应我国生产力发展水平，体现社会主义基本原则的。人民生活的提高，既包括物质生活的改善，也包括精神生活的充实；既包括居民个人消费水平的提高，也包括社会福利和劳动环境的改善。”

1992年，党的十四大确立了社会主义市场经济体制的制度框架，为我国的经济发展注入了新的活力，促进了经济社会的快速发展。到1995年，国民生产总值实现了比1980年翻两番；两年后的1997年，人均国民生产总值也实现了比1980年翻两番，这样一来，党的十三大确定的“翻两番”的第二步战略目标在总量和人均层面都提前实现，即提前实现了总体小康的历史目标。

我国虽然提前实现了总体小康，但这是“低水平的、不全面的、发展很不平衡的小康”。在这一历史条件下，第三步战略目标应当如何实现？1997 年 9 月，党的十五大提出将在 21 世纪初开始进入和建设小康社会，并对实现第三步战略目标作出了具体部署，即“两个一百年”奋斗目标：“第一个十年实现国民生产总值比二〇〇〇年翻一番，使人民的小康生活更加宽裕，形成比较完善的社会主义市场经济体制；再经过十年的努力，到建党一百年时，使国民经济更加发展，各项制度更加完善；到世纪中叶建国一百年时，基本实现现代化，建成富强民主文明的社会主义国家。”[①]2002 年 11 月，党的十六大正式提出了全面建设小康社会的奋斗目标，即“要在本世纪头二十年，集中力量，全面建设惠及十几亿人口的更高水平的小康社会，使经济更加发展、民主更加健全、科教更加进步、文化更加繁荣、社会更加和谐、人民生活更加殷实”[②]。党的十六大提出并确立的全面建设小康社会的目标，是中国特色社会主义经济、政治、文化全面发展的目标。这之后，全面建设小康社会成为我国经济社会发展的中心任务。

二、从全面建设小康社会到全面建成小康社会

2007 年召开的党的十七大，在十六大确立的全面建设小康社会目标的基础上对我国经济社会发展提出更高的要求。这些新要求包括：增强发展协调性，努力实现经济又好又快发展；扩大社会主义民主，更好保障人民权益和社会公平正义；加强文化建

① 《江泽民文选》第 2 卷，人民出版社 2006 年版，第 4 页。

② 《江泽民文选》第 3 卷，人民出版社 2006 年版，第 543 页。

设，明显提高全民族文明素质；加快发展社会事业，全面改善人民生活；建设生态文明，基本形成节约能源资源和保护生态环境的产业结构、增长方式、消费模式。这是我们党在适应国内外形势的新变化，顺应各族人民过上更好生活的新期待，把握经济社会发展趋势和规律的基础上提出的新要求。

2012 年，党的十八大在十六大、十七大基础之上明确提出："坚定不移沿着中国特色社会主义道路前进，为全面建成小康社会而奋斗。"这是我国实现全面建成小康社会目标的一次总动员，也是我们党和国家对人民作出的郑重承诺。从全面建设小康社会到全面建成小康社会，虽一字之改，但内涵更丰富、更深刻。

2015 年 11 月，党的十八届五中全会对全面建成小康社会提出了更高的标准，增添了更丰富的内涵："经济保持中高速增长、人民生活水平和质量普遍提高、国民素质和社会文明程度显著提高、生态环境质量总体改善、各方面制度更加成熟更加定型。在提高发展平衡性、包容性、可持续性的基础上，到 2020 年实现国内生产总值和城乡居民人均收入比 2010 年翻一番，产业迈向中高端水平，消费对经济增长贡献明显加大，户籍人口城镇化率加快提高。农业现代化取得明显进展，人民生活水平和质量普遍提高，我国现行标准下农村贫困人口实现脱贫，贫困县全部摘帽，解决区域性整体贫困。国民素质和社会文明程度显著提高。生态环境质量总体改善。各方面制度更加成熟更加定型，国家治理体系和治理能力现代化取得重大进展。"党的十八届五中全会通过的"十三五"规划建议，进一步明确"十三五"时期是全面建成小康社会决胜阶段，"十三五"规划必须紧紧围绕实现这个奋斗目标来制定，并对决胜全面建成小康社会作出具体的安排部署。

党的十九大把决胜全面建成小康社会作为大会主题，对全面建成小康社会以及在全面建成小康社会的基础上实现第二个百年奋斗目标进行了战略部署。党的十九大报告中提出："要按照十六大、十七大、十八大提出的全面建成小康社会各项要求，紧扣我国社会主要矛盾变化，统筹推进经济建设、政治建设、文化建设、社会建设、生态文明建设，坚定实施科教兴国战略、人才强国战略、创新驱动发展战略、乡村振兴战略、区域协调发展战略、可持续发展战略、军民融合发展战略，突出抓重点、补短板、强弱项，特别是要坚决打好防范化解重大风险、精准脱贫、污染防治的攻坚战，使全面建成小康社会得到人民认可、经得起历史检验。"[①]

习近平总书记对全面建成小康社会这一历史任务、郑重承诺高度关注，始终亲自部署、亲自指挥。2013 年 3 月，习近平总书记在第十二届全国人大第一次会议的讲话中就提出："实现全面建成小康社会、建成富强民主文明和谐的社会主义现代化国家的奋斗目标，实现中华民族伟大复兴的中国梦，就是要实现国家富强、民族振兴、人民幸福，既深深体现了今天中国人的理想，也深深反映了我们先人们不懈追求进步的光荣传统。"[②]2014 年 12 月，习近平总书记把全面建成小康社会与全面深化改革、全面推进依法治国、全面从严治党进行整合，提出"四个全面"这

① 习近平:《决胜全面建成小康社会　夺取新时代中国特色社会主义伟大胜利——在中国共产党第十九次全国代表大会上的报告》，人民出版社 2017 年版，第 27—28 页。

② 习近平:《在第十二届全国人民代表大会第一次会议上的讲话》，人民出版社 2013 年版，第 3 页。

一新的重大战略思想。2015 年 2 月，习近平总书记从坚持和发展中国特色社会主义的全局出发，明确提出“四个全面”的战略布局，科学、辩证地对“四个全面”进行了定位，全面建成小康社会是战略目标，全面深化改革、全面依法治国、全面从严治党是三大战略举措。2015 年 10 月，习近平总书记在党的十八届五中全会第二次全体会议上指出：“全面建成小康社会，强调的不仅是‘小康’，而且更重要的也是更难做到的是‘全面’。‘小康’讲的是发展水平，‘全面’讲的是发展的平衡性、协调性、可持续性。如果到 2020 年我们在总量和速度上完成了目标，但发展不平衡、不协调、不可持续问题更加严重，短板更加突出，就算不上真正实现了目标，即使最后宣布实现了，也无法得到人民群众和国际社会认可。”[①]2015 年 12 月，在全国政协新年茶话会上，习近平总书记还勉励大家：“历史的发展，总有一些关键的时间节点。决胜全面建成小康社会的历史大幕已经拉开，向全面建成小康社会冲刺的艰巨任务落在我们这一代人肩上。冲刺是咬紧牙关的时候，是屏息聚力的时候，是比拼意志的时候。决胜全面建成小康社会的伟大进军，每一个中国人都有自己的责任。领导干部要勇于担当，人民群众要增强主人翁意识，全党全国各族人民要拧成一股绳，以必胜的信心、昂扬的斗志、扎实的努力投身新的历史进军，朝着全面建成小康社会的宏伟目标奋勇前进！”[②]2016 年 12 月，习近平总书记在中央财经领导小组第十四

---

①《习近平谈治国理政》第 2 卷，外文出版社 2017 年版，第 78 页。

②《习近平关于全面建成小康社会论述摘编》，中央文献出版社 2016 年版，第 201 页。

次会议上再次强调："全面建成小康社会，不是一个'数字游戏'或'速度游戏'，而是一个实实在在的目标。在保持经济增长的同时，更重要的是落实以人民为中心的发展思想，想群众之所想、急群众之所急、解群众之所困，在学有所教、劳有所得、病有所医、老有所养、住有所居上持续取得新进展。"[①]

习近平总书记始终强调，全面建成小康社会，更重要、更难做到的是"全面"。"小康"讲的是发展水平，"全面"讲的是发展的平衡性、协调性、可持续性。如果到2020年我们在总量和速度上完成了目标，但发展不平衡、不协调、不可持续问题更加严重，短板更加突出，就算不上真正实现了目标。群众健康、脱贫攻坚、污染防治这些建成全面小康社会进程中的短板问题，习近平总书记一直挂在心上。2014年12月，他在江苏调研时指出："没有全民健康，就没有全面小康。医疗卫生服务直接关系人民身体健康。要推动医疗卫生工作重心下移、医疗卫生资源下沉，推动城乡基本公共服务均等化，为群众提供安全有效方便价廉的公共卫生和基本医疗服务，真正解决好基层群众看病难、看病贵问题。"[②]2018年2月，习近平总书记在四川凉山州看望慰问各族干部群众时指出："我们搞社会主义，就是要让各族人民都过上幸福美好的生活。全面建成小康社会最艰巨最繁重的任务在贫困地区，特别是在深度贫困地区，无论这块硬骨头有多硬都必须啃下，无论这场攻坚战有多难打都必须打赢，全面小康路上不能

①《习近平关于社会主义经济建设论述摘编》，中央文献出版社2017年版，第47页。

②《习近平关于协调推进"四个全面"战略布局论述摘编》，中央文献出版社2015年版，第43页。

忘记每一个民族、每一个家庭。”[①] 2018 年 5 月，习近平总书记在全国生态环境保护大会上的讲话指出：“到 2020 年全面建成小康社会，是我们党向人民作出的庄严承诺。不能一边宣布全面建成小康社会，一边生态环境质量仍然很差，这样人民不会认可，也经不起历史检验。不管有多么艰难，都不可犹豫、不能退缩，要以壮士断腕的决心、背水一战的勇气、攻城拔寨的拼劲，坚决打好污染防治攻坚战。”[②]2019 年 4 月 22 日，习近平总书记在中央财经委员会第四次会议上强调：“目前，全面建成小康社会也有一些短板，必须加快补上。”并明确了下一步工作重点：一是要全面完成脱贫攻坚任务；二是要解决好重点地区环境污染突出问题；三是要加快民生领域工作推进；四是要健全社保兜底机制。[③]

三、全面建成小康社会的伟大成就

自从邓小平在 20 世纪 70 年代末提出小康设想以来，小康社会的内涵也随着我国经济社会的快速发展而不断发生着变化，从最初的人均国民生产总值一千美元到“六个更加”再到“五位一体”。

国家统计局推出了旨在反映小康社会建设状态的监测体系。

---

①《习近平春节前夕赴四川看望慰问各族干部群众》，新华网 2018 年 2 月 13 日。

② 习近平：《推动我国生态文明建设迈上新台阶》，《求是》2019 年第 3 期。

③ 习近平：《关于全面建成小康社会补短板问题》，《求是》2020 年第 11 期。

2000年，国家统计局发布《中国小康进程综合分析》报告，从经济水平、物质生活、人口素质、精神生活、生活环境5个方面16项指标对小康的实现程度进行了评估。2008年，国家统计局统计科学研究所发布《全面建设小康社会统计监测方案》，该方案中的指标体系是由经济发展、社会和谐、生活质量、民主法制、文化教育、资源环境等6个方面23项指标组成。随着全面建成小康社会建设目标的明确提出，2014年4月，国家统计局发布了第一版测度体系《全面建成小康社会统计监测指标体系》，该体系是党的十八大召开后第一个由政府权威部门以全面建成小康社会为评价对象构建并发布的测度指标体系。党的十八届五中全会后，根据"十三五"规划建议中全面建成小康社会新的目标要求，国家统计局又于2016年12月发布了第二版测度体系《全国全面建成小康社会统计监测指标体系（修订稿）》。修订后的测度体系仍包含5个组成部分，对应我国"五位一体"战略布局。修订版指标体系共包含42项具体指标，其中经济发展方面二级指标有9项，民主法治方面有4项，文化建设方面有5项，人民生活方面有14项，资源环境方面有10项。这是目前最为权威的统计监测指标体系。

在这里，笔者无须援引上述指标体系及其测算结果，因为仅从我国经济发展和人民生活的一些简单数据中，就可以透视出小康社会建设的伟大成就。

从经济和收入增长来看，2020年，我国国内生产总值（GDP）超过100万亿元，占世界总量超过17%；人均GDP达到72447元（见图1）。以年平均汇率计算，2020年我国人均GDP已经稳定站上1万美元的新台阶，是当年邓小平提出的人均1000美元

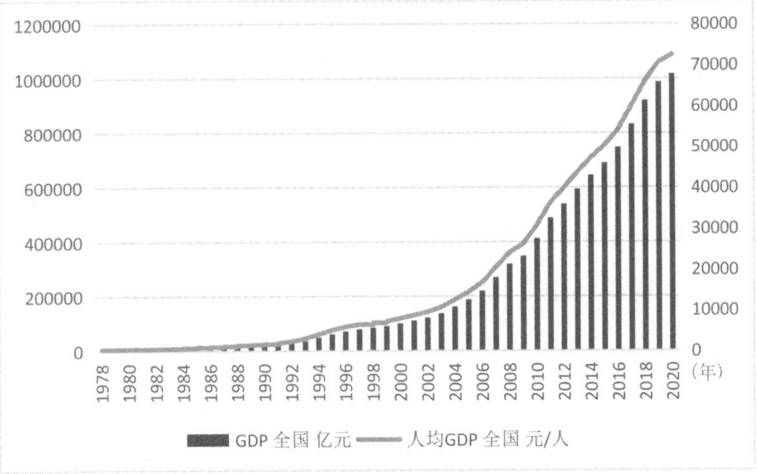

图 1　1978—2020 年我国 GDP 与人均 GDP 增长

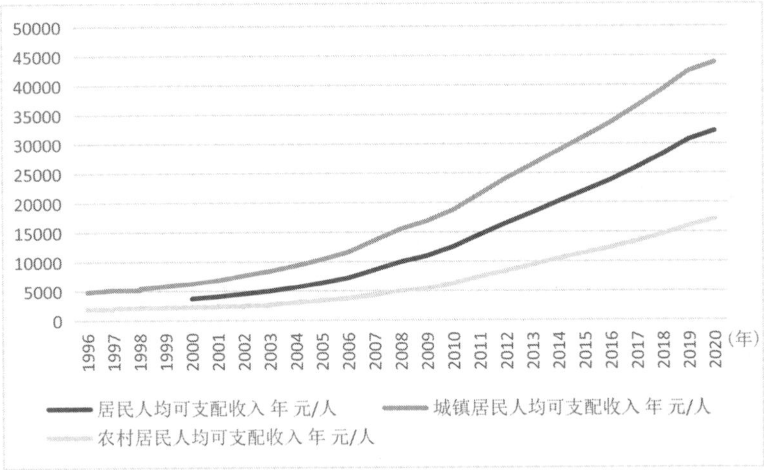

图 2　1996—2020 年我国居民可支配收入

标准的 10 倍。2020 年，我国城镇和农村居民人均可支配收入分别达到 43834 元和 17131 元（见图 2）。

恩格尔系数指居民家庭中食物支出占消费总支出的比重，是用来衡量家庭富足程度的重要指标。2019 年，我国农村居民恩格尔系数为 30%，城镇居民恩格尔系数更是下降到了 27.6%，分别比 2000 年下降了 19.1% 和 11.8%，反映出我国家庭生活水平的整体提高（见表 1）。从家庭耐用消费品拥有量的变化中，我们能更直观感受到人民生活水平的巨大变化（见表 2）。以家用汽车为例，2000 年，城镇居民每百户仅拥有 0.51 辆家用轿车，而到 2018 年，这一数字已经增长到 41.01 辆。此外，2019 年，以出国出境游为主要目的的因私出国人数达到 1.6 亿，是 2000 年不足 700 万人的 20 多倍。

表 1　1996—2019 年我国居民恩格尔系数

指标	百分比	1996	2000	2005	2010	2011	2012	2013	2016	2017	2018	2019
城镇居民恩格尔系数	%	48.76	39.44	36.7	35.7	36.3	36.23	35.02	29.3	28.6	27.7	27.6
农村居民恩格尔系数	%	56.34	49.13	45.48	41.09	40.36	39.33	37.66	32.2	31.2	30.1	30

表 2　1985—2018 年我国城乡居民耐用消费品拥有量

	城镇居民户均耐用消费品拥有量					农村居民户均耐用消费品拥有量				
指标	家用汽车	电冰箱	家用空调	彩色电视机	洗衣机	家用汽车	电冰箱	家用空调	彩色电视机	洗衣机
单位	辆 / 百户	台 / 百户	台 / 百户	台 / 百户	台 / 百户	辆 / 百户	台 / 百户	台 / 百户	台 / 百户	台 / 百户
1985		6.58	0.08	17.21	48.29		0.06		0.8	1.9
1990		42.33	0.34	59.04	78.41		1.22		4.72	9.12
1995		66.22	8.09	89.79	88.97		5.15	0.18	16.92	16.9
2000	0.51	80.13	30.76	116.56	90.52	0.3	12.31	1.32	48.74	28.58
2005	3.37	90.72	80.67	134.8	95.51		20.1	6.4	84.08	40.2
2010	13.07	96.61	112.07	137.43	96.92	2.75	45.19	16	111.79	57.32
2015	30.02	93.97	114.58	122.29	92.28	13.26	82.55	38.77	116.89	78.82
2016	35.48	96.44	123.7	122.32	94.21	17.41	89.55	47.58	118.76	84.03
2017	37.52	98.05	128.61	123.78	95.67	19.3	91.7	52.63	120.03	86.28
2018	41.01	100.92	142.18	121.26	97.69	22.27	95.87	65.25	116.58	88.55

从教育、卫生、文化等方面看，2018 年，我国学龄儿童净入学率已经接近 100%。义务教育阶段师生比显著改善，普通小学

表3　1985—2018年我国各级学校升学率与师生比

	学龄儿童	升学率			师生比				
指标	净入学率	普通小学	普通初中	普通高中	普通小学	普通初中	普通高中	中等职业学校	普通高等学校
1985	95.9%	68.4%	41.7%						
1990	97.8%	74.6%	40.6%	27.3%					
1995	98.5%	90.8%	50.3%	49.9%	23.3	16.73	12.95	15.98	9.83
2000	99.1%	94.9%	51.2%	73.2%	22.21	19.03	15.87	15.24	16.3
2005	99.15%	98.4%	69.7%	76.3%	19.43	17.8	18.54	21.34	16.85
2010	99.7%	98.7%	87.5%	83.3%	17.7	14.98	15.99	25.69	17.33
2015	99.88%	98.2%	94.1%	92.5%	17.05	12.41	14.01	20.47	17.73
2016	99.92%	98.7%	93.7%	94.5%	17.12	12.41	13.65	19.84	17.07
2017	99.9%	98.8%	94.9%		16.98	12.52	13.39	18.98	17.52
2018	100%	99.1%	95.2%		16.97	12.79	13.1	19.1	17.56

和普通初中师生比分别从2000年的22.21和19.03降至2018年的16.97和12.79，教学质量进一步提高（见表3）。2018年，每千人拥有卫生技术人员数达到6.83人，每千人拥有的医疗卫生机构床位数达到6.03张（见表4）。2018年，人均拥有的公共图书馆藏量册数达0.74册。

表4　1985—2018年我国单位人口拥有的卫生条件

指标	拥有卫生技术人员数	拥有卫生技术人员数（城市）	拥有卫生技术人员数（农村）	医疗卫生机构床位数	医疗卫生机构床位数（城市）	医疗卫生机构床位数（农村）
单位	人/千人	人/千人	人/千人	张/千人	张/千人	张/千人
1985	3.28	7.92	2.09		2.33	
1990	3.45	6.59	2.15		2.53	
1995	3.59	5.36	2.32		2.55	
2000	3.63	5.17	2.41		2.47	
2005	3.5	5.82	2.69		2.63	
2010	4.39	7.62	3.04	3.58	5.94	2.6
2015	5.84	10.21	3.9	5.11	8.27	3.71
2016	6.12	10.79	4.04	5.37	8.41	3.91
2017	6.47	10.87	4.28	5.72	8.75	4.19
2018	6.83	10.91	4.63	6.03	8.7	4.56

从公共基础设施看，人民所能享受到的公共设施越来越完备，水平越来越高。例如，城市道路建设水平、公交车数量、公园绿地面积都有大幅度增长，城市燃气及用水普及率在2018年分别达96.7%和98.36%。农村全社会用电量2018年达到9358.54亿千瓦时，比2000年翻了两番（见表5）。

表5　1985—2018年我国公共基础设施情况

指标	单位城市人口拥有公共交通标准运营车数	城市人均拥有道路面积	城市人均公园绿地面积	单位城市人口拥有公共厕所数	城市燃气普及率	城市用水普及率	农村全社会用电量
单位	标台/万人	平方米/人	平方米/人	座/万人	%	%	亿千瓦时
1985	3.9	3.1	1.37	5.8	22.4		508.9
1990	2.2	3.13	1.78	2.97	19.1		844.5
1995	3.6	4.36	2.49	3	34.3		1655.7
2000	5.3	6.13	3.69	2.74	45.4		2421.3
2005	8.63	10.92	7.89	3.2	82.08		4375.7
2010	11.2	13.21	11.18	3.02	92.04		6632.35
2015	13.29	15.6	13.35	2.75	95.3		9026.92
2016	13.84	15.8	13.7	2.72	95.75		9238.26
2017	14.73	16.05	14.01	2.77	96.26		9524.42
2018		16.7	14.11	2.88	96.7	98.36	9358.54

从减贫的情况看，在迎来中国共产党成立一百周年的重要时刻，我国脱贫攻坚战取得了全面胜利，现行标准下9899万农村贫困人口全部脱贫，832个贫困县全部摘帽，12.8万个贫困村全部出列，区域性整体贫困得到解决，完成了消除绝对贫困的艰巨任务，创造了又一个彪炳史册的人间奇迹！

上述数据[①]，自然无法概括在建设小康社会中取得的全部成

① 以上数据均来自国家统计局及《中国统计年鉴》。

就，甚至是挂一漏万，但从这些数字的变动中，我们已经能够感受到人民群众生活发生的巨大变化。现在，全面建成小康社会的胜利时刻即将到来，老百姓千百年来的梦想即将成真，这将是中国历史乃至人类发展史上一个令人激动的重大时刻。

四、全面建成小康社会与美好生活时代

全面建成小康社会，完成了第一个百年奋斗目标，这是一个伟大的胜利，但不是终点，甚至不允许追逐梦想的人们稍作休息。全面建成小康社会，更是中国人民开启下一个更加伟大胜利的新起点，意味着第二个百年奋斗目标新的征程即将展开，激励我们乘势而上开启全面建设社会主义现代化国家新征程。

党的十九大报告对在全面建成小康社会基础上，开启全面建设社会主义现代化国家新征程作出全面部署："从 2020 年到本世纪中叶可以分两个阶段来安排。第一个阶段，从 2020 年到 2035 年，在全面建成小康社会的基础上，再奋斗十五年，基本实现社会主义现代化。到那时，我国经济实力、科技实力将大幅跃升，跻身创新型国家前列；人民平等参与、平等发展权利得到充分保障，法治国家、法治政府、法治社会基本建成，各方面制度更加完善，国家治理体系和治理能力现代化基本实现；社会文明程度达到新的高度，国家文化软实力显著增强，中华文化影响更加广泛深入；人民生活更为宽裕，中等收入群体比例明显提高，城乡区域发展差距和居民生活水平差距显著缩小，基本公共服务均等化基本实现，全体人民共同富裕迈出坚实步伐；现代社会治理格局基本形成，社会充满活力又和谐有序；生态环境根本

好转，美丽中国目标基本实现。第二个阶段，从2035年到本世纪中叶，在基本实现现代化的基础上，再奋斗十五年，把我国建成富强民主文明和谐美丽的社会主义现代化强国。到那时，我国物质文明、政治文明、精神文明、社会文明、生态文明将全面提升，实现国家治理体系和治理能力现代化，成为综合国力和国际影响力领先的国家，全体人民共同富裕基本实现，我国人民将享有更加幸福安康的生活，中华民族将以更加昂扬的姿态屹立于世界民族之林。”在这宏伟的蓝图中，最核心的目标仍然是人民群众幸福美好的生活。

习近平总书记多次强调，人民对美好生活的向往，就是我们的奋斗目标；不断地追求幸福美好的生活，是永恒的主题，是永远进行时，是做不完的事情，所以我们还要继续做下去。全面建成小康社会，是为了人民过上更加幸福美好的生活；全面建设社会主义现代化，也是为了人民过上更加幸福美好的生活。党的十九大深刻指出：“中国特色社会主义进入新时代，我国社会主要矛盾已经转化为人民日益增长的美好生活需要和不平衡不充分的发展之间的矛盾。我国稳定解决了十几亿人的温饱问题，总体上实现小康，不久将全面建成小康社会，人民美好生活需要日益广泛，不仅对物质文化生活提出了更高要求，而且在民主、法治、公平、正义、安全、环境等方面的要求日益增长。同时，我国社会生产力水平总体上显著提高，社会生产能力在很多方面进入世界前列，更加突出的问题是发展不平衡不充分，这已经成为满足人民日益增长的美好生活需要的主要制约因素。……我们要在继续推动发展的基础上，着力解决好发展不平衡不充分问题，大力提升发展质量和效益，更好满足人民在经济、政治、文化、社会、生态等方面日益增长的需要，更好推动人的全面发展、社会全面进步。”[①] 党的十九大对我国社会主要矛盾的新定位，凸显了让人民过上美好生活在全党工作中的中心地位。

2017 年 7 月 26 日，习近平总书记在省部级主要领导干部专题研讨班开班式上发表重要讲话，用“八个更”概括了人民群众对于美好生活的热切期盼，即“期盼有更好的教育、更稳定的工作、更满意的收入、更可靠的社会保障、更高水平的医疗卫生服务、更舒适的居住条件、更优美的环境、更丰富的精神文化生活”，并强调:“要牢牢把握我国发展的阶段性特征，牢牢把握人民群众对美好生活的向往，提出新的思路、新的战略、新的举措，继续统筹推进‘五位一体’总体布局、协调推进‘四个全面’战略布局，决胜全面建成小康社会，夺取中国特色社会主义伟大胜利，为实现中华民族伟大复兴的中国梦不懈奋斗。”[②] 在这“八个更”中，医疗、教育、住房、生态环境等领域，在全面建成小康社会的进程中，取得了举世瞩目的成就，但随着人民群众对美好生活需要的日益增长，也还存在不少短板，人民群众对这些领域的关注度最高，对其中短板的痛感也最为强烈，需要我们持续努力，久久为功。

因此，为庆祝和纪念全面建成小康社会，迎接生活更加美好的新时代，本书聚焦教育、医疗、住房、生态环境四个核心领

---

① 习近平:《决胜全面建成小康社会　夺取新时代中国特色社会主义伟大胜利——在中国共产党第十九次全国代表大会上的报告》，人民出版社 2017 年版，第 11—12 页。

②《习近平强调高举中国特色社会主义伟大旗帜　为决胜全面小康社会实现中国梦而奋斗》，新华社 2017 年 7 月 27 日。

域，回顾过往，总结在全面建成小康社会历史征程中这四个核心领域取得的经验和成就；展望未来，为在这些领域进一步促改革、补短板，不断实现更好的教育、更高水平的医疗卫生服务、更舒适的居住条件、更优美的环境建言献策，为中国人民奔向更加美好生活的新时代呐喊助威！

第一章

教育：强国教育与全面小康

时代越是向前，知识和人才的重要性就愈发突出，教育的地位和作用就愈发凸显。我国正处于历史上发展最好的时期，但要实现“两个一百年”奋斗目标、实现中华民族伟大复兴的中国梦，必须更加重视教育，努力培养出更多更好能够满足党、国家、人民、时代需要的人才。

——习近平

一、教育助推全面小康

教育是党之大计、国之大计，教育强则国家强。在我国社会主义现代化建设的历史进程中，教育起到了先导性、基础性、全局性的作用。中国特色社会主义进入新时代，我国比历史上任何时期都更接近实现中华民族伟大复兴的目标。着眼于决胜全面建成小康社会、夺取中国特色社会主义伟大胜利的历史使命，习近平总书记高度重视教育事业的发展，通过讲话、回信等方式发表了众多关于教育的论述，内容涵盖了教育目的、方法、教师发展、思政教育、中华传统文化教育等方面，形成了系统的新时代中国特色社会主义教育理论体系。其中，2016 年 9 月 10 日，习近平总书记在北京市八一学校考察时特别强调："时代越是向前，知识和人才的重要性就愈发突出，教育的地位和作用就愈发凸显。我国正处于历史上发展最好的时期，但要实现'两个一百年'奋斗目标、实现中华民族伟大复兴的中国梦，必须更加重视教育，努力培养出更多更好能够满足党、国家、人民、时代需要的人才。"[①]

在决胜全面建成小康社会这一关键历史时期，人力资本成为推动经济社会发展的重要战略性资源，而教育事业的发展在人力资本培养过程中扮演着极为重要的角色。习近平总书记在党的十九大报告中强调："优先发展教育事业。建设教育强国是中华民

①《习近平在北京市八一学校考察时强调　全面贯彻落实党的教育方针　努力把我国基础教育越办越好》，《人民日报》2016 年 9 月 10 日。

族伟大复兴的基础工程，必须把教育事业放在优先位置，深化教育改革，加快教育现代化，办好人民满意的教育。”[①] 因此，教育事业必须加快现代化步伐，为经济社会建设提供更加有力的人才支撑及智力支撑，推动我国全面建成小康社会和“两个一百年”奋斗目标的实现。教育事业的发展要为改善人民生活水平、促进人的自由全面发展提供基础，为满足人民日益增长的物质文化需要，提高国民素质、知识能力与技能水平作出更大的贡献，助推中华民族伟大复兴的中国梦的实现。

（一）人才强国，教育为先

发展好教育事业是实现从人口的“数量红利”向“质量红利”跨越的重要前提。谁能培养和吸引更多的优秀人才，并对优秀人才进行合理高效的利用，谁就能在全方位升级的国际竞争中占据优势。

习近平总书记指出：“源源不断的人才资源是我国在激烈的国际竞争中的重要潜在力量和后发优势。”[②] 回望中华人民共和国成立以来的“扫盲运动”“爱国卫生运动”等，都为社会主义现代化建设积累了大量的优质人才。强国必须先强教育，没有现代化的教育体系，就无法为社会主义现代化强国的建设提供智力支撑，要想实现国家现代化，必须率先实现教育现代化。

---

① 习近平：《决胜全面建成小康社会　夺取新时代中国特色社会主义伟大胜利——在中国共产党第十九次全国代表大会上的报告》，人民出版社2017年版，第45页。

② 习近平：《做党和人民满意的好老师——同北京师范大学师生代表座谈时的讲话》，人民出版社2014年版，第3页。

习近平总书记反复强调，国家发展靠人才，民族振兴靠人才。人是科技创新最关键的因素。谈及建设科技强国时，他指出："一切科技创新活动都是人做出来的。我国要建设世界科技强国，关键是要建设一支规模宏大、结构合理、素质优良的创新人才队伍，激发各类人才创新活力和潜力。"[①]

中国特色社会主义进入新时代，以习近平同志为核心的党中央综合分析国际国内形势和我国发展条件，对全面建设社会现代化强国作出新的顶层设计，提出从2020年到21世纪中叶，在全面建成小康社会的基础上，分两步走全面建成社会主义现代化强国。开启全面建成社会主义现代化强国征程，离不开人才和教育。科技强国、制造强国、文化强国、航天强国等战略与教育密不可分，需要教育为其提供源源不断的人才。人才是创新的根基，是创新的核心要素。"五位一体"总体布局、"四个全面"战略布局和国家各项战略的实现，人才都起到决定性作用，而教育强国是人才强国的重要支撑。

（二）教育是国家最重要的核心竞争力

全面建成小康社会不仅要求国民物质生活水平奔小康，更要求国民的道德精神气质和文化知识素养有一个巨大的提升。

教育关系到培养什么人、怎样培养人、为谁培养人的根本问题。教育是培养年轻一代世界观、人生观和价值观的事业，学校则是公民道德建设的重要阵地。立德树人是我国教育事业的根本

① 习近平：《为建设世界科技强国而奋斗——在全国科技创新大会、两院院士大会、中国科协第九次全国代表大会上的讲话》，人民出版社2016年版，第16页。

任务，教育事业要以培养德智体美劳全面发展的社会主义事业的合格建设者和可靠接班人为根本。这个根本任务要求教育要为提高人民思想觉悟、道德水准、文明素养服务，为提高全社会文明程度服务，为理想信念教育、中国特色社会主义和中国梦宣传教育、民族精神和时代精神教育、爱国主义教育、集体主义教育、社会主义教育服务，为引导人民树立正确的历史观、民族观、国家观服务。

国民素质对一个国家、一个民族的发展至关重要，也是国家核心竞争力的重要组成部分，而教育是提高国民素质、增强国家竞争力的有效途径。

（三）教育是民生之基

在脱贫攻坚这场伟大的战役中，优先发展好教育是变“输血”为“造血”的良方，为全面建成小康社会提供可持续的知识基础。

习近平总书记深刻指出：“扶贫必扶智，让贫困地区的孩子们接受良好教育，是扶贫开发的重要任务，也是阻断贫困代际传递的重要途径。”[①] 教育是帮助弱势群体跨越阶级壁垒的有效渠道，贫穷家庭通过接受教育改变落后的思想观念，获得技能水平，实现可持续脱贫，跨出贫困的恶性循环圈，从而缩小社会差距。

教育涉及人民的切身利益，是人类传承文明与知识、培养年

---

① 习近平：《携手消除贫困　促进共同发展——在2015减贫与发展高层论坛的主旨演讲》，人民出版社2015年版，第7页。

轻一代、创造美好生活的根本途径。优质丰富的教育资源、公平的受教育机会是人民群众的心之所向。努力让每个孩子都能享有公平而有质量的教育，是人民群众获得感和幸福感的出发点，也是我们党对人民群众的庄严承诺，更是必须扛起来、完成好的政治使命。实施教育强国战略，优先发展好教育，是从受教育者的立场出发、从人民群众获得感和幸福感出发，是民之所盼、民生大计。

因此，必须着眼于提高教育质量，让人民群众享受优质公平的教育，让学生、家长、教师和学校都有实实在在的获得感，满足人民群众的期待和愿望。

（四）优秀传统文化教育是智慧源泉和精神动力

中华优秀传统文化是社会主义核心价值观的重要源泉，是实现“两个一百年”奋斗目标和中华民族伟大复兴中国梦的精神支柱，发展好中华优秀传统文化教育将为全面建成小康社会提供重要的精神动力。

习近平总书记在党的十九大报告中深刻指出：“文化自信是一个国家、一个民族发展中更基本、更深沉、更持久的力量。”[①] 中华优秀传统文化博大精深，凝聚着中华民族自强不息的精神追求和历久弥新的精神财富，是我国文化自信的源泉。中华优秀传统文化是中华民族的血脉，是中华民族的“根”和“魂”，是中华民族精神的标识，是当代中国社会主义核心价值观的思想渊源，

① 习近平：《决胜全面建成小康社会　夺取新时代中国特色社会主义伟大胜利——在中国共产党第十九次全国代表大会上的报告》，人民出版社 2017 年版，第 23 页。

更是全人类弥足珍贵的精神瑰宝。

加强中华优秀传统文化教育，既是当务之急，又是百年大计；既功在当代，又泽被子孙，增进人类福祉。加强中华优秀传统文化教育对于引导青少年增强民族自信，坚持道路自信、理论自信、制度自信、文化自信有着重要的战略意义，对于培育青少年的社会主义核心价值观，实现中华民族伟大复兴的中国梦，具有长远的时代价值。

目前由教育部组织编写的义务教育道德与法治、语文、历史三科教材，已经开始在全国中小学起始年级使用，这一举措是加强中华优秀传统文化教育的具体实践。可以预期这一举措必将对加强青少年的价值观教育，推动中国社会主义现代化事业产生深远影响。

二、后来居上、突飞猛进：我国教育事业发展的伟大成就

改革开放以来，经过全党、全社会的不懈努力、共同奋斗，我国的教育事业取得了举世瞩目的成就。目前，我国已经全面普及义务教育，基本扫除文盲现象，高等教育也实现了跨越式发展，国民素质有了质的提升，教育事业的巨大成就为经济、政治、文化、社会各方面的发展提供了坚实的保障。

（一）基础教育变化深刻

改革开放 40 多年来，特别是进入 21 世纪以来，我国基础教育发生了深刻变化。

第一，学前教育飞速发展。2010年以来，党中央、国务院相继出台《国家中长期教育改革和发展规划纲要（2010—2020年）》《国务院关于当前发展学前教育的若干意见》等政策性文件，为学前教育发展提供强有力的政策支持。国家部委和各级政府对此积极贯彻落实。教育部联合财政部等出台学前教育一期二期行动计划等，强力推进学前教育发展。

为了应对生育政策放开后的入学潮，教育部门在大力增加公立幼儿园数量的同时，采取了政府购买服务的方式，引导和鼓励社会力量的加入，兴办普惠性幼儿园，缓解幼儿入园的社会压力。2019年全国幼儿园共计28.2万所，学前教育包括幼儿园和附设幼儿园在园幼儿数量达到4713.9万人，学前三年毛入园率为83.4%，比2010年提高了37.3%，可见普惠性幼儿园在缓解入园难问题中发挥的重要作用。2018年，《中共中央、国务院关于学前教育深化改革规范发展的若干意见》发布，这是中央对新时代学前教育深化改革规范发展作出的重大决策部署，对学前教育的规定和保障体系建设做了进一步的完善。

民办学前教育对有效补充公办学前教育，提供学前教育服务发挥了不可或缺的重要作用。2010年以来，国家相继出台一系列促进和扶持民办教育的新政策，特别是新修订的《民办教育促进法》为新时期民办教育规范健康发展提供了重要的法律保障，我国民办教育也因此迎来了重要的发展契机。在各级各类民办教育体系中，民办学前教育数量最多、规模最大。截至2019年，民办幼儿园数量占到全国各级各类民办学校数量的近九成之多，民办学前教育业已成为我国教育事业的重要组成部分。

第二，义务教育的均衡发展基本实现。2010年以来，我国义务教育全面提高，基本实现均衡发展和城乡义务教育一体化，义务教育的发展水平实现跨越。2019年，我国小学学龄儿童净入学率达到99.94%，初中毛入学率达到102.6%，已经达到发达国家中小学入学率的平均水平。我国中小学校数量在不断扩大，2019年，全国共有小学16.01万所，初中学校5.2万所。中小学生师比不断下降，教师团队专业水平也不断提高。2019年，小学生师比为16.85∶1，初中生师比为12.88∶1，分别比2000年减少近两个百分点。伴随着“免费师范生”等一系列教育普惠性政策的顺利实施，广大教师的受教育水平大幅度提高。2018年，全国小学与初中持有本科学历的教师比分别为50.1%、86.22%。教师的福利待遇也在不断改善。例如，2018年年底，725个集中连片特困地区实现了乡村教师生活补助政策全覆盖。[①] 国家积极支持全面改善贫困地区义务教育薄弱学校的基本办学条件。到2019年1月，92.7%的县级单位实现义务教育基本均衡，16个省份整体通过国家认定。[②] 虽然城乡间的教育水平差距仍然存在，但相较于以前已经有了明显的改善。

第三，农村教育事业取得长足进步。改革开放以来，我国不断加大对农村教育的资金支持，推进农村地区的教育教学改革，农村教育教学质量显著提升，农村的各级各类教育水平均得到较大幅度的发展。从农村教育规模来看，截至2021年，国家贫困

① 陈宝生:《落实　落实　再落实——在2019年全国教育工作会议上的讲话》,《人民教育》2019年第Z1期。

② 陈宝生:《落实　落实　再落实——在2019年全国教育工作会议上的讲话》,《人民教育》2019年第Z1期。

县中，义务教育方面，有小学的乡镇比重98.5%，有小学（教学点）的行政村比重47.7%；所有的县均有初中，有初中的乡镇比重70.3%；有寄宿制学校的乡镇比重94.1%。非义务教育方面，有幼儿园的行政村比重46.2%。到2018年，全国农村小学毛入学率为103.5%，升学率保持在98.0%至98.7%之间，初中毛入学率为104%，升学率达到96%，可以看出我国九年义务教育已经在农村基本普及，农村人口的总体受教育程度和文化水平不断提高，[①] 教育发展的总体质量有了显著提升。

农村义务教育阶段教师队伍的素质得到大幅度提升。农村幼儿园、小学、初中、高中专任教师的学历合格率分别达到了92.5%、99.3%、98%、91.5%。政府不断加大对农村教育的投资力度。截至2016年，全国6.4万个教学点全面完成"教学点数字教育资源全覆盖"项目建设任务，硬件设备已经全部到位。为提高教师的专业水平，政府对35万农村教师进行电子信息技术职业培训。据统计，目前400多万名边远农村孩子可以享受到优质教育资源。[②] 可以看出，国家将农村的教育始终放在重要位置，通过大量人力与财力的投入，农村基础教育已经得到了长足的发展，进步显著。

第四，教育信息化步入快车道。党的十八大以来，我国教育信息化事业取得了前所未有的快速发展。目前，我国教育信息化硬件设施已经得到大幅度改善。我国约有一半省份建有教育局域

---

① 魏峰:《改革开放40年我国农村教育发展：成就、动力与政策演进特征》,《基础教育》2018年第6期。

② 魏峰:《改革开放40年我国农村教育发展：成就、动力与政策演进特征》,《基础教育》2018年第6期。

网；约98%的中小学接入互联网；超过半数的学校建有无线校园网络。可以看出，学校网络的覆盖率和品质已经实现了一个新的跨越。通过“全面改薄”项目的实施，学校网络教学环境快速改善，已有93.2%的学校拥有多媒体教室，数量达到344万间，占普通教室比例达到90.6%，其中，73.2%的学校实现多媒体教学设备全覆盖。①

信息化教学已经渐成常态，“课堂用、经常用、普遍用”的信息化教学新常态已基本形成，“教师主人翁、课堂主阵地、教研主渠道”的新格局逐步成熟。目前全国师生网络学习空间开通数量超过7900万个，超过3/4的教师每周使用信息技术开展课堂教学，涌现出了很多信息技术支持下的新型教学模式。除此之外，我国还在逐步构建“互联网+”条件下的人才培养新模式。各地推广因材施教、个性化的新型教学组织方式，加强对学习行为规律的研究，不断探索新型信息化教学模式的实践，构建多元开放的教育文化。在各地的不懈努力下，逐步形成了多样化主体共同参与的教育体系。2020年新冠肺炎疫情暴发后，在教育信息化的惠及下，在线开放课程大规模开放，使身处边远地区难以长期吸引到优质师资的学生享受到与一线城市几乎同质教育的机会。

第五，教育扶贫取得了明显成效。党的十八大以来，习近平总书记就扶贫问题发表了一系列重要论述，国家出台了多项涉及学生资助的政策，建立了从学前教育到研究生教育全覆盖的学生

① 钟登华：《深入推进教育信息化2.0发展更加公平更有质量的教育》，《中国教育信息化》2019年第7期。

资助体系，力图从政策和制度上确保不让一名学生因家庭经济困难而失学，标志着国家助学体系完成城乡所有学段的全覆盖。“精准扶贫”在这一阶段取得了明显的成效。2010年，中共中央、国务院基于未来10年的教育发展出台了《国家中长期教育改革和发展规划纲要（2010—2020年）》，提出了促进教育公平的根本措施是合理配置教育资源，优先向农村地区、边远贫困地区和少数民族地区倾斜资源，加快缩短教育差距，具体举措包括设立支持地方高等教育专项资金，实施中西部高等教育振兴计划，实施特岗计划，鼓励高校毕业生到边远地区工作等。[①]2012年，国务院扶贫办颁布《关于实施面向贫困地区定向招生专项计划的通知》，明确要求把集中连片特殊困难地区作为主战场，提高其发展能力，缩小发展差距，加大高校对农村，特别是贫困地区的定向招生力度。随后，一系列扶贫政策的出台大幅度提高了我国贫困地区的办学条件。党的十八大以来，我国开始在全国范围内全面改善贫困地区义务教育阶段薄弱学校基本办学条件，包括对14个集中连片特困地区中的592个国家扶贫开发重点县（区）的义务教育学校基础设施的改善，其主要做法是开展并实施了农村初中校舍改造、农村寄宿制学校建设、教学点数字教育资源全覆盖等一系列重大工程项目。据统计，2013年至2017年，中央财政投入1300多亿元，带动地方投入2500多亿元，全面改善义务教育

① 袁利平、丁雅施:《我国教育扶贫政策的演进逻辑及未来展望——基于历史制度主义的视角》,《湖南师范大学教育科学学报》2017年第4期。

阶段薄弱学校办学条件和中小学校舍安全状况。[①]《农村义务教育学生营养改善计划》等政策实施以后，我国农村地区义务教育基本实现供餐学生全覆盖、供餐食谱科学化、供餐方式多样化。

（二）高等教育的跨越式发展

改革开放以来，按照高等教育为人民服务、为国家建设服务的方针，我国高等教育规模不断扩大，教育质量大幅度提升，形成规模发展、重点发展、多元发展、开放发展的格局，实现跨越式发展。

1. 高等教育规模扩大

1977 年，中断了 11 年的高考恢复，这是我国高等教育实现跨越式发展的起点，在这一年共有 500 多万人参加高考，约 30 万人被高校录取。1978 年普通高等学校的数量为 598 所，普通高校本专科学生在校总量为 85.6 万人。到 2019 年，我国各类高等教育在学总规模 4002 万人，高等教育毛入学率 51.6%。全国共有普通高等学校 2688 所（含独立学院 257 所），普通高等学校教职工 256.67 万人，专任教师 174.01 万人。高等教育的规模发展，不仅极大地提升了国民素质，也有力地推进了国家各项建设的发展。

2. 细分专业，多元发展

随着经济社会的不断发展，社会结构日趋复杂，人民群众的需要日益多样化。高等教育发展不能故步自封，而要不断满足人民群众的需要，这就决定了高等教育一定要多元化发展。近年

---

① 付卫东、曾新：《十八大以来我国教育扶贫实施的成效、问题及展望——基于中西部 6 省 18 个扶贫开发重点县（区）的调查》，《华中师范大学学报（人文社会科学版）》2019 年第 5 期。

来，我国高校多元化发展趋势愈发明显。

一是学科专业结构优化。我国大部分高校长期以培养学术人才为主，这样的教育模式可以培养出许多学术型人才，却很难培养出适应市场经济发展需要的人才。因为市场的需求是多元化的，不仅需要学术型人才，也需要实践型人才。改革开放以来，为了满足不断变化的社会需求，我国通过多种方式进行学科专业调整。总体来看，可分为以下两类。一类是发展高等职业教育。我国高等职业教育的发展始于20世纪80年代。1982年，第五届全国人大第五次会议首次以国家政策的形式提出大力发展高职教育，提出试办一批专业大学。1985年，《关于教育体制改革的决定》明确指出：“积极发展高等职业技术院校。”此后，国家发布了一系列文件，规范高职教育发展。至2018年，我国的高职院校已经达到约1400所，高职学生达1100多万人，占高校在校学生总数的约30%。[①] 在此基础上，2021年，为了缓解新冠肺炎疫情带来的就业压力，高职院校持续扩招100万人。另一类是建设应用型大学。应用型大学的建设思路与高职院校不同，许多应用型大学是在原有高校的基础上发展起来的。2014年2月，国务院作出“引导一批普通本科院校向应用技术型转型”的战略部署，提出在转型的过程中，要改变过去固有的教育观念，探索应用型人才新型的培养方案，培养“双师型”教师，与社会建立密切的联系，推动社会力量的参与。这一过程难度比较大，要克服路径依赖。但在国

① 王弟海：《中国教育发展70年：基于宏观数据的分析》，《财经智库》2019年第5期。

家和政府的积极引导下，部分本科高校正有序地向应用型大学转型。

二是发展和改进研究生教育。随着改革开放拉开帷幕，我国也开始逐渐恢复研究生招生。1981 年，《中华人民共和国学位条例》的通过是我国研究生教育迅速规范发展的起点。我国采取了两大措施来发展和改进研究生教育。其一，扩大招生规模。1978 年全国研究生在校人数仅有 1.09 万人，到 2018 年已经增加到约 280 万人，增长了约 250 倍，满足了我国经济社会建设对高层次人才的需要。2020 年由于新冠肺炎疫情肆虐，很多中小型企业面临困境，就业进入寒潮。有些企业资金流断裂，重则破产、轻则裁员，因此向社会提供的就业岗位缩水。为了缓解高校毕业生的就业压力，让更多的学生可以圆梦，2020 年 2 月 25 日国务院常务会议重磅发布，研究生招生规模将继续扩大，招生将重点向国家战略和民生领域急需的相关学科和专业学位类别倾斜，向中西部和东北地区高校倾斜。其二，发展专业型学位。传统的研究生教育侧重学术型人才（科学学位）的培养，重视从事基础性理论研究的研究者，而忽视了对具有专业技能的实践型人才的培养。为了满足国家经济社会发展对该类人才高层次的多元化需求，研究生教育设置专业型学位是大势所趋。20 世纪 90 年代，我国开始设立工商管理硕士（MBA）、教育硕士（MEA）、工程硕士等专业学位，至今已经发展到了 40 种。近年来，我国又设立了教育专业博士等 6 种专业型博士学位。2020 年，我国在学研究生总规模预计将达到 290 万人，其中专业硕士招生占比将达到 60% 左右。[①]

3. 牵住高等教育发展的“牛鼻子”

由于高等教育资源投入的有限性，一个国家发展高等教育时必须突出重点。为了加快我国高等教育发展步伐、提高高等院校办学水平、实现建设“世界一流大学”和“一流学科”的重大战略目标，重点建设是关键性的战略。我们党和政府调动社会多方的积极性进行重点建设，推进重点发展，集中国家相对有限的财力，采取了一系列重大措施。

第一，重点高等学校陆续确立。1978 年 2 月，国务院转发了教育部《关于恢复和办好全国重点高等学校的报告》，确定了第一批 88 所全国重点高校。至 1979 年年底，全国共有 97 所重点高等学校。除了建设重点高校外，我国还将部分高校列为国家重点项目，以此来推动重点建设。在高层次人才教育层面，我国批准部分高校率先建立研究生院，截至 2000 年，经国务院批准，北京大学、清华大学等 56 所高校建立了研究生院，成为培养硕士、博士，为经济建设输送高层次人才的主要基地。在职业院校建设方面，2006 年，教育部和财政部联合推出“国家示范性高等职业院校建设计划”，重点支持 100 所高职院校建设。

第二，稳步推动“211 工程”与“985 工程”。改革开放之后，我国高等教育取得了突出的成绩。1990 年之后，为了实现高等教育的重点建设，国家先后实施了“211 工程”和“985 工程”。“211 工程”将一百所高校列为重点高校，并设立一批重点学科和

① 管培俊:《新时代中国高等教育的使命》,《中国高教研究》2017 年第 12 期。

专业进行重点建设，以期使这些学校在科研领域达到世界水平。“985 工程”紧密结合国家创新体系建设，选择 39 所高校，以学科建设为核心，凝练学科方向，汇聚学科队伍，构筑学科基地，集成优质资源进行重点建设，争取若干所大学和一批重点学科进入世界一流水平。

第三，推动建立“双一流”高校。“双一流”是世界一流大学和一流学科的简称，是国家在高等教育领域继“211 工程”“985 工程”之后的又一重大举措。经过教育部、财政部和国家发改委的科学评审，目前，我国共有 137 所高校被纳入首批“双一流”建设项目。2019 年，教育部发布声明，“211 工程”和“985 工程”建设项目已经统筹为“双一流”建设。

目前，我国高层次人才大多聚集在这些高校，良好的师源、生源与硬件配置使这些高校迅速发展。国家科技三大奖项中的 60% 以上都是由这些高校获得，我国在世界三大期刊 *Nature*、*Science*、*Cell* 上发表的论文成果大多数来源于这些高校。由此可见，高等教育的重点建设对于经济社会建设、国际竞争力的提高至关重要。

第四，积极推动高等教育“引进来”与“走出去”。改革开放之后，我国充分抓住机遇、迎接挑战，顺应经济全球化浪潮。在高等教育领域，我国也开始加大国际合作力度，积极地实现人才与教育模式的“引进来”与“走出去”，基本实现了国内教育与国际教育的接轨。

1978 年 6 月 23 日，邓小平同志在听取清华大学工作汇报时指出，“我赞成留学生数量增大”，“要成千成万地派，不是只派十个八个”，而且“派遣留学生要千方百计加快步伐，路子要越走越宽”。[1] 邓小平同志的这一重要指示，开启了我国大规模派遣留学生的序幕。

改革开放以来，党中央作出了扩大派遣留学生的战略决策，推动形成了我国历史上规模最大、领域最多、范围最广的留学潮和归国热。特别是2013年10月21日，习近平主席在北京出席欧美同学会成立100周年庆祝大会并发表重要讲话时指出：“百余年的留学史是‘索我理想之中华’的奋斗史，一批又一批仁人志士出国留学、回国服务，大批归国人员投身中国共产党领导的伟大事业，在中国革命、建设、改革的历史画卷中写下了极为动人和精彩的篇章。”[2] 我国高等教育“引进来”与“走出去”体现在以下层面。

首先，出国留学生规模不断扩大。国家派出留学生的目的是为了留学人员学成归国，将国外的先进经验引入国内。2019年，我国出国留学人员总数达70.35万人。随着出国留学人数的不断增加，国家也采取相应的策略吸引海外的高层次人才归国。近年来，国家实施“春晖计划”“千人计划”等项目来吸引留学人员回国。从1978年到2019年底，我国各类出国留学人员累计达656.04万人，其中423.17万人在完成学业后毅然选择回国发展，大量的留学人才为我国社会主义建设作出了重要的贡献。

其次，大规模吸纳来华留学生。为了进一步深化教育领域的交流合作，提高中国教育的国际化水平。我国实施“留学中国”

---

①《邓小平作出扩大派遣留学生的战略决策》，《光明日报》2009年9月30日。

②《在欧美同学会成立100周年庆祝大会上的讲话》，《人民日报》2013年10月22日。

计划，吸引国际学生来华留学，近年来，我国已成为亚洲最大的留学目的国，国际留学生国别不断增多，特别是发达国家的留学生比例不断提高。截至 2018 年，我国总共招收留学生超过 49 万人，这些留学生来自 196 个国家和地区，其中亚洲学生有 30 万人，占总数的 59.95%，还有来自美国（20996 人）、法国（10695 人）等发达国家的留学生。在新冠肺炎疫情肆虐全球的情况下，习近平总书记于 2020 年 5 月亲自给北京科技大学全体巴基斯坦留学生回信，温暖激励在华外国留学生，回信中说："中国政府和学校始终关心在华外国留学生生命安全和身体健康；中国欢迎各国优秀青年来华学习深造，也希望大家多了解中国、多向世界讲讲你们所看到的中国。"我国在临床医学方面加大对留学生的招收力度。教育部于 2020 年 4 月发布 2020—2021 学年招收本科临床医学专业（英语授课）来华留学生的高等学校名单及招生计划的通知，委托 45 所高校将总共招收 3058 名本科临床医学专业（英语授课）来华留学生。

最后，大力开展境外办学。教育国际化不仅仅是"引进来"，"走出去"也是重要的环节。伴随着我国教育国际化的不断深入，我国也在扩大境外办学规模。境外办学主要采取国内高校设置境外办学机构、创办孔子学院等方式。截至 2020 年 6 月，我国已在 162 个国家和地区设立 541 所孔子学院和 1170 个孔子课堂。

总体来看，目前我国已经建成具有中国特色的高等教育体系；高等教育规模空前扩大，教育质量也在不断提高，创造了一批优秀的科研成果，培养了大批优秀人才，为社会主义建设作出了应有的贡献。

三、“深水区”与“硬骨头”：教育领域亟须解决的关键问题

“为什么我们的学校总是培养不出杰出人才？”著名的“钱学森之问”对中国的教育产生了深远影响。改革开放以来，我国教育事业发展迅速，取得了举世瞩目的成绩，这是不能否认的。但社会上同样存在着对现行的教育制度不满意的声音，尤其是随着我国教育的不断发展，越来越多的人意识到教育是社会阶层跃升的主要途径。可是很多人却不得不面对我国教育资源分配不平衡、劳动力供需矛盾凸显、贫富差距过大、城乡教育二元结构尚未完全消除等问题，这也是我国教育改革不得不面对的困境。不可否认的是，我国教育领域依然存在一些弊端，清醒认识我国教育领域存在的问题，对于推进教育改革、建设新时代高质量的教育具有重要的意义。

（一）职业教育是短板

改革开放以来，我国对计划经济体制进行了改革，逐步建立了社会主义市场经济体制，但职业技术教育一直没有得到应有的重视。职业教育最重要的是对职业能力的培养，而对职业能力的培养应建立在真实职业岗位工作任务完成、工作问题解决这一基础之上，课程的主体应当是围绕企业需求来定位的，能力培养和教学离不开企业岗位这一真实的教学场景，即专业的课程教学也

应当是在企业岗位上完成的。[①] 因此，职业学校的专业教育应该与企业深度融合、与企业共同进行人才培养。课程培养方案中应注重实操，对标企业需求，顺应行业发展。但现实情况是，多数企业对深度融合的企校合作现代学徒制模式并不感兴趣，主要原因是企业办学的经济成本太高。建立现代学徒制模式，就需要企业建立专门的教学机构，这将增加企业的经营成本、管理成本与投入。

因此，在高考的激烈竞争中，千军万马过“独木桥”的局面并未改变。我国长期以来对职业技术教育培养目标和优惠政策的顶层设计不足、工人收入的相对劣势、社会上受到传统文化重学术轻技术和“学而优则仕”等思想的影响，职业教育依然有待改革和提振。

（二）区域教育发展不均衡

区域教育的非均衡化发展一直以来都是困扰我国教育改革与发展的重大问题。近年来，随着国家政策的逐步落实，我国教育均衡发展的状况取得了很大的改善，但不可否认的是，目前教育领域依然存在痼疾，并长期阻碍教育的均衡发展。为加快推进义务教育均衡发展，实现义务教育均衡水平的优质化，厘清制约我国教育均衡发展的实践困境与薄弱环节十分必要。

第一，农村教育是“阿喀琉斯之踵”。在乡村振兴的战略背景下，农村教育具有举足轻重的地位，但是农村教育却没有得到

---

① 林克松、石伟平:《改革语境下的职业教育研究——近年中国职业教育研究前沿与热点问题分析》,《教育研究》2015 年第 5 期。

应有的重视，不论是基础教育还是职业教育的发展都出现严重的城乡不均衡现象。在农村基础教育治理的实践过程中，出现了政府包揽一切、校长听从指挥、社会组织无从下手、家长漠不关心的局面。

不仅如此，在国家大力提倡教育扶贫、乡村振兴战略的背景下，一些地方在农村基础教育治理过程中出现“扶贫不扶志”的现象。农村基础教育的建设重点放在硬件设施的建设上，但是在硬件设施有了一定保障之后，后续的软件以及师资的配置并未跟进，过度注重利用扶贫资源进行教育设施的更新、扩张，导致一些教育资源的闲置与浪费。[①] 农村基础教育建设过程中“重硬轻软”这一现象直接导致农村基础教育的物质环境得到改善，但是却没有真正激发广大农民通过努力改变生活条件、创设优质学前教育资源、建设美好农村的愿景。

第二，重点学校破坏教育生态。基础教育的成效外溢性过强，地方政府在基础教育建设过程中，往往大力投资兴建重点小学、重点中学以带动地方的教育产业发展，致使教育资源分配严重不均。因此，取消重点学校的呼声由来已久。

近年来，择校成为制约教育公平的重要问题，围绕重点学校的学区房价格畸高，一房难求，也给在校生家庭造成了沉重的负担。多校划片的电脑派位政策，虽然在一定程度上缓解了买房热的问题，但是并不影响重点学校对优质生源的提前选拔。它们将各种竞赛成绩变成衡量学生学习能力的重要指标。为了在竞赛

① 孟照海:《教育扶贫政策的理论依据及实现条件——国际经验与本土思考》,《教育研究》2016 年第 11 期。

中脱颖而出，很多教育机构兴办的课外奥数班、英语班等应运而生，不仅没有减轻学生的负担，还增加了家庭的教育支出，加剧了竞争。重点学校由于具有悠久的历史和较高的社会认可度，依然是很多学生和家长梦寐以求的“造梦工厂”，它们通过跨地区虹吸优质师源与生源，严重地破坏了地区教育生态。

（三）人才培养模式比较单一

近年来，随着市场经济的发展和教育体制的深入改革，社会对于人才的需求变得愈加多样化，人才培养模式僵化的问题逐渐成为中国教育的重要议题。时至今日，人才培养模式的改革与创新依然是高等教育发展亟待突破的环节。

第一，考试搏未来，一考定终生。目前我国教育对于学生素质的评价主要以考试为主，考试搏未来几乎贯穿所有学生的全部学习历程。2019 年，中共中央、国务院印发了《中国教育现代化 2035》，要完善教育质量标准体系，制定覆盖全学段、体现世界先进水平、符合不同层次类型教育特点的教育质量标准，建立更加科学公正的考试评价制度。前景是美好的，但是当前对学生的身心素质、社交能力、自我管理能力等都没有刚性的指标，学生的成绩依然是唯一的评价标准。目前，新的评价考试方案即将出台，提出小学升初中一律不考试，中学要实施学业水平测试和综合素质评价，并以此作为高考升学的重要依据。但如何在兼顾公平公正的同时，推动评价体系的多元化建设，有待进一步认真细致研究。

第二，凯洛夫式的教育模式影响深远。中华人民共和国成立初期，我国确立了“一边倒”向苏联学习的方针，苏联凯洛夫教育学对我国影响深远。凯洛夫教育学强调的是学科中心、课堂中心、教师中心。客观地说，凯洛夫教育学强调学生要掌握系统的科学文化知识，重视基础知识和基本技能的掌握，但其教学过程过于僵化，忽视学生的主体性和发展，人才培养模式缺乏创造性、批判性。[①] 这种人才培养模式一直影响到今天。

总的来说，我国教育发展依然存在着一些问题，其发展的出路在于改革，而改革需要包括教师、家长、政府部门、用人单位、媒体等在内的全社会的支持。集全社会之力，用实际行动支持教育改革，聚力走出教育困境。

四、教育兴国：新时代中国特色社会主义教育的蕴意

在党的十九大报告中，习近平总书记指出："经过长期努力，中国特色社会主义进入了新时代，这是我国发展新的历史方位。"在这一承前启后的新时期，认真学习贯彻习近平新时代中国特色社会主义思想，不断提高学校党的建设和组织工作的质量、水平，为推动新时代教育改革、发展中国特色社会主义教育、办好人民满意的教育提供坚强组织保证。

习近平总书记在讲话、谈话、演讲、答问、批示和贺信中关于教育的重要论述，形成了完整的教育思想体系，为发展中国特色社会主义教育提供了科学指南。习近平总书记关于教育这一复杂系统性工程的全局性论述，是马克思主义教育理论中国化的

① 张恩俭：《浅议基础教育的"教育公平"》，《山东省青年管理干部学院学报》2007 年第 6 期。

最新成果，对我国教育事业的改革与发展具有非常重要的指导意义。新时代认真研究学习近平总书记关于教育的重要论述，将其作为教育事业的旗帜与方向，是办好中国特色社会主义教育的根本保障。

（一）建设教育强国是中华民族伟大复兴的基础性工程

建设教育强国是中华民族伟大复兴的基础工程，必须把教育事业放在优先位置，加快教育现代化，办好人民满意的教育。这是以习近平同志为核心的党中央在党的十九大上向全国人民作出的庄严承诺，为我国教育事业发展指明了方向。习近平总书记非常重视教育及其发展，认为教育作为人类传承发展的百年基业，是推动人类文明进步的重要力量。习近平总书记在联合国“教育第一”全球倡议行动一周年纪念活动上强调：“教育是人类传承文明和知识、培养年轻一代、创造美好生活的根本途径。”“中国将坚定实施科教兴国战略，始终把教育摆在优先发展的战略位置，不断扩大投入，努力发展全民教育、终身教育，建设学习型社会。”[①] 重要的是，习近平总书记提出的发展中国特色、世界水平的现代教育，是党的十八大提出的“两个一百年”奋斗目标和实现中华民族伟大复兴的中国梦的重要组成部分。2013 年 10 月 22 日，习近平主席在欧美同学会成立 100 周年庆祝大会上提出：“人才是衡量一个国家综合国力的重要指标。没有一支宏大的高素质人才队伍，全面建成小康社会的奋斗目标和中华民族伟大复

①《习近平谈治国理政》第 1 卷，外文出版社 2018 年版，第 191 页。

兴的中国梦就难以顺利实现。”[①]2014 年 5 月 4 日，习近平总书记在北京大学考察期间，对“发展具有中国特色、世界水平的现代教育”作出了进一步的阐释，指出：“办好中国的世界一流大学，必须有中国特色。”[②]

习近平总书记的教育发展观高屋建瓴，高度肯定了教育在国家发展、民族振兴和科技进步中的战略地位，为我国教育的现代化发展指明了方向，极大地丰富和充实了马克思主义教育发展理论和新时代中国特色社会主义教育思想宝库。

（二）立德树人是教育工作者的根本责任

培养什么人、怎样培养人、为谁培养人，历来是党和国家发展教育事业的根本问题。党的十八大以来，以习近平同志为核心的党中央明确提出“要全面贯彻党的教育方针，坚持教育为社会主义现代化建设服务、为人民服务，把立德树人作为教育的根本任务，培养德智体美全面发展的社会主义建设者和接班人”。习近平总书记着眼全局，把握关键，立意深远，深刻回答了这一重大问题。习近平总书记曾多次强调，要全面贯彻党的教育方针，落实立德树人根本任务，发展素质教育，推进教育公平，培养德智体美全面发展的社会主义建设者和接班人。[③] 他还告诫广

① 《习近平关于科技创新论述摘编》，中央文献出版社 2016 年版，第 112 页。

② 习近平：《青年要自觉践行社会主义核心价值观——在北京大学师生座谈会上的讲话》，人民出版社 2014 年版，第 12 页。

③ 习近平：《做党和人民满意的好老师——同北京师范大学师生代表座谈时的讲话》，人民出版社 2014 年版，第 6 页。

大青年学生要有理想、有道德、有文化、有担当；广大教师和教育工作者要把立德树人、教学育人作为自己的根本责任和神圣使命，帮助学生“扣好人生第一粒扣子”。

2015年全国人大最新修订的《教育法》第六条明确规定：“教育应当坚持立德树人，对受教育者加强社会主义核心价值观教育，增强受教育者的社会责任感、创新精神和实践能力。”[①] 我国的实践历史已然证明，社会主义核心价值观是凝聚社会共识的“最大公约数”，彰显了“最持久最深沉”的中国精神、中国价值和中国力量，使“人民有信仰，民族有希望，国家有力量”，不断夯实中国特色社会主义的思想政治和道德基础。明确把立德树人作为教育的根本任务，着力培养全面发展的中国特色社会主义事业建设者和接班人，这既充分彰显了党对于教育价值指向的准确判断，也有力地说明了党对德育工作的高度重视。

（三）教育公平是社会公平的根本基础和重要力量

教育公平是社会公平的重要内容，对实现共同富裕具有非常重要的作用。当前，切实推进教育公平是世界各国教育发展的共同趋势与必然要求。习近平总书记一再强调，要努力让每个孩子享有受教育的机会，努力让13亿人民享有更好更公平的教育，努力让每个人都有人生出彩的机会。

教育公平和脱贫攻坚工作息息相关，习近平总书记在脱贫

---

①《中华人民共和国法律汇编（2015）》下册，人民出版社2016年版，第893页。

攻坚工作中一直强调教育扶贫的先导地位，明确提出“扶贫必扶志，让贫困地区的孩子们接受良好教育，是扶贫开发的重要任务，也是阻断贫困代际传递的重要途径”[①]。这不但为我国脱贫攻坚工作指明了前进方向，而且深化了我们对教育扶贫的认识。治贫先治愚，教育是阻断贫困代际传递的治本之策。习近平总书记在福建宁德地区工作的时候就认识到，“越穷的地方越难办教育，但越穷的地方越需要办教育，越不办教育就越穷”[②]，所以那时他就提出“真正把教育摆在先行官的位置，努力实现教育、科技、经济相互支持、相互促进的良性循环”[③]。针对当前教育短板在西部地区、农村地区、老少边穷岛地区的现实状况，习近平总书记在考察北京市八一学校时明确指出：“要优化教育资源配置，逐步缩小区域、城乡、校际差距，特别是要加大对革命老区、民族地区、边远地区、贫困地区基础教育的投入力度，保障贫困地区办学经费，健全家庭困难学生资助体系。”[④]

习近平总书记注意到教育的现代化、信息化在推动教育公平过程中所发挥的积极作用，提出要进一步加大教育经费投入，合理配置教育资源，充分利用教育信息化推动优质教育资源共享，使优质教育资源惠及更多家庭，逐步缩小各地区的教育差距。他指出：“要通过教育信息化，逐步缩小区域、城乡数字差距，大力

---

① 习近平：《携手消除贫困　促进共同发展——在2015减贫与发展高层论坛的主旨演讲》，人民出版社2015年版，第7页。

② 习近平：《摆脱贫困》，福建人民出版社1992年版，第129页。

③ 习近平：《摆脱贫困》，福建人民出版社1992年版，第129页。

④《习近平谈治国理政》第2卷，外文出版社2017年版，第366页。

促进教育公平，让亿万孩子同在蓝天下共享优质教育、通过知识改变命运。”[①]

习近平总书记的教育公平观是对马克思主义教育公平思想的继承和发展，体现了我们党以人为本、执政为民的宗旨，是新时代党和国家推进教育公平的重要指导方针。

（四）打造高素质、专业化的教师队伍

教师为立教之本，兴教之源。习近平总书记认为“教师是立教之本，教育是兴国之基”。习近平总书记明确要求各级党委要切实加强教师队伍建设，着力打造高素质专业化的教师队伍，同时也要求广大教师增强责任感与使命感，不断提高自身素质与教学能力，做有理想信念、有道德情操、有扎实知识、有仁爱之心的“四有”好老师。习近平总书记还要求，全社会要大力弘扬尊师重教的良好风尚，为教师营造良好的工作环境氛围，提升教学待遇，让教师成为更多人的理想职业。习近平总书记高度重视建设高素质专业化的教师队伍，努力办好人民满意的现代化教育，是对中国特色社会主义教育的重大实践创新，必将对我国教育事业的科学发展产生重大而深远的影响。

近年来，在以习近平同志为核心的党中央的坚强领导下，全国上下都加大教育经费投入，大力完善教育管理体制机制，不断推进教师质量的提升。

---

①《习近平致国际教育信息化大会的贺信》，《人民日报》2015 年 5 月 24 日。

（五）把思想政治工作贯穿教育教学全过程

教育肩负培养社会主义事业建设者和接班人的重要任务，而青少年一代的政治思想面貌直接关系到我国社会主义现代化建设事业是否后继有人，关系到党和国家的前途和命运。因此思想政治工作的开展至关重要。

20 世纪 80 年代东欧剧变、苏联解体以后，世界范围的社会主义运动处于低潮。作为社会主义国家，中国至今依然是西方敌对势力进行“西化”“分化”，灌输所谓“民主自由”、进行和平演变的阵地。在这种情况下，如果不重视学校的思想政治教育，就违背了社会主义教育的本质要求，会对社会主义运动的发展造成不可估量的损失。因此，我们必须深刻理解习近平总书记的重要指示精神，牢牢坚持党的教育方针和社会主义办学方向不动摇，切实深化学校的思想政治教育引领，把学校建设成为培养社会主义事业建设者和接班人的坚强阵地。

习近平总书记关于意识形态工作的论述是党的十八大以来在我国意识形态工作实践中逐渐形成的重要理论，是习近平新时代中国特色社会主义思想的重要内容。学校思想政治教育具有高度的意识形态属性，习近平总书记关于意识形态工作的重要论述对于提高高校思想政治教育的全局影响力、任务导向力、对象服务力和环境管控力发挥着重要的引领作用。

加强学校思想政治教育，需要把思想政治教育同学校教育教学这个中心任务紧密结合在一起，推动学校在正确的办学方向下使各类教学有序开展、稳步推进。习近平总书记提出：“要把思想政治工作贯穿教育教学全过程。”[①] 思想政治教育影响强度和影响范围的扩大可以有效地让更多学生群体认同、追随主流意识形态，从而增强中国特色社会主义道路自信，牢牢地守住学校意识形态阵地。随着改革开放的不断深入与全球化的持续发展，意识形态领域不可避免地出现了各类思想交锋混杂的趋向。尤其在高校中，一些非马克思主义，甚至是反马克思主义的意识形态开始蔓延，成为高校思想政治教育亟待研究的新领域。在 2016 年的全国高校思想政治会议上，习近平总书记强调:“我们的高校是党领导下的高校，是中国特色社会主义高校。办好我们的高校，必须坚持以马克思主义为指导，全面贯彻党的教育方针。”[②] 习近平总书记在党的十九大报告中指出:“必须推进马克思主义中国化、时代化、大众化，建设具有强大凝聚力和引领力的社会主义意识形态，使全体人民在理想信念、价值理念、道德观念上紧紧团结在一起。”[③] 这些重要论述阐明了在思想教育领域，学校的建设与发展必须坚持马克思主义的指导，以马克思主义与其中国化的成果为基础，不断结合当前的社会发展丰富其具体意涵，从而使传道、授业、解惑贴近和符合我国新时代的具体实际，让我国的思想政治教育更具活力与吸引力，让我国的知识传授与国家建设发展更紧密地结合，从而为我国新一代青年指明人生发展的方向，帮助其树立正确的世界

① 《习近平谈治国理政》第 2 卷，外文出版社 2017 年版，第 376 页。

② 《习近平谈治国理政》第 2 卷，外文出版社 2017 年版，第 377 页。

③ 习近平:《决胜全面建成小康社会　夺取新时代中国特色社会主义伟大胜利——在中国共产党第十九次全国代表大会上的报告》，人民出版社 2019 年版，第 41 页。

观、人生观、价值观，将个人发展与国家发展紧密结合，自觉担负起为中国特色社会主义奋斗的使命。

五、内视反听：国内教育建设的经典案例分析

（一）不容忽视的“超级中学”现象

随着义务教育的全面普及和基础教育的不断发展，像河北衡水中学、安徽六安毛坦厂中学这样的“超级中学”如雨后春笋般兴起。该类中学的清北占比率远高于其他中学，是历年高考状元的主要生产基地。广大家长争先恐后地将孩子送往“超级中学”，其他学校也将“超级中学”视为教育榜样，经常向该类学校取经。

“超级中学”现象引起了社会的广泛关注，其利弊近年来逐渐成为学界、教育界、媒体等讨论的焦点问题。许多教育界专家都曾对“超级中学”现象提出过尖锐批评，认为“超级中学”是片面追求教育政绩的产物。也有一些舆论认为该类中学会严重破坏该地区的教育生态，是地方政府为了提高教育业绩的畸形产物。[①]

第一，“超级中学”一定程度上偏离了教育育人的功能。目前许多“超级中学”片面地追求重点本科升学率，教师在授课的过程中更侧重培养学生的应试能力，忽视学生的全面发展。部分“超级中学”形成军事化的管理模式，过分强调纪律管控，使一

① 冯帮、李紫玲：《从“超级中学”现象看城乡子女教育公平问题——以湖北省D市为例》，《教育发展研究》2014年第2期。

些学生在接受教育的过程中逐渐迷失自我，有些甚至沦为学习的机器。部分教师教学压力很大，很难做到因材施教，出现一些毕业于“超级中学”的学生在毕业之后未必适应大学生活的问题。[①]

河北衡水中学是近年来最为出名的“超级中学”之一，该校的作息时间表规定：一天要上40分钟的课10节，45分钟的晚自习3节，30分钟的早读与25分钟的早准备，甚至还对上厕所限时。[②] 由于衡水中学的学生规模大、教学压力大，教师在课堂上进行“填鸭式”的知识输出，根本难以顾及同学们的心理发展与身体健康。

第二，“超级中学”在一定范围内会有失教育公平。“超级中学”近年来名声大起，吸引了许多优秀的师资与生源向其靠拢，导致教育发展失衡。调查显示，拥有城市户籍的学生在“超级中学”的学生中占据很大比例，不利于城乡教育公平的发展。[③]“超级中学”吸引了高质量的师资与生源，也导致校际的均衡发展遭到破坏。不仅如此，地方政府对升学率的过度重视，还加剧了优质资源向该类中学的“倾斜”。总之，“超级中学”导致校际教育与城乡教育发展失衡，使其在高考中越来越成功，而普通中学越来越难吸引到优质资源；城市教育越来越强，而农村教育的发展越来越处于不利地位。

---

① 叶水涛:《事实与价值：衡水中学的是是非非》,《中国教育学刊》2015年第5期。

② 李斌:《衡水中学到底哪里不正常》,《中国青年报》2014年10月23日。

③ 黄晓婷、关可心、熊光辉、陈虎、卢晓东:《“超级中学”公平与效率的实证研究——以K大学学生学业表现为例》,《教育学术月刊》2016年第5期。

“超级中学”现象可以说是应试教育理念和地方政府共同催生的产物。

应试教育理念对中国教育界的影响十分深远，科举制是我国应试教育发展的典型体现，“学而优则仕”目前依然是许多学校与家庭的教育观念。由于受到传统教育理念的影响，中国人多数父母都望子成龙、望女成凤，希望自己的孩子能受到最优质的教育，考上最重点的学校。随着教育体制改革的推进，素质教育得到了很大的认同与提倡，但影响我国教育至深的应试教育理念依然存在。“考重点”依然是许多家长与学校所追求的目标。这种理念为“超级中学”的存在提供了广阔的空间。

地方政府的推动在很大程度上促进了“超级中学”的发展。为了提高教育政绩，地方政府在“超级中学”集中了该地区最优质的师源与生源，提高了“超级中学”的升学率。而所谓“升学奇迹”的出现对地方教育政绩的提高大为有利。这仿佛形成了“发展‘超级中学’—地方政绩提高—更加大力发展‘超级中学’”的恶性循环。

目前我国教育改革已进入深水区，教育发展已进入促进公平、提高质量的新阶段。随着教育体制改革的深入推进，控制办学规模、消除“超级学校”、维护教育公平的呼声越发强烈。为了治理“超级中学”现象，学术界提出很多建议，这些建议大致可以归纳为两点。

其一，减少政府对教育的干预。“超级中学”的发展显然与地方政府的推动息息相关，地方政府将高考“神话”看作一种政绩的体现，对该类中学提供大力支持。例如，在衡水中学取得成就之后，地方政府大力支持衡水中学的扩建，成为衡水中学发展的重要推手。目前要想推动教育内涵式发展，促进教育公平，需要地方政府搁置对升学率的执念，减少对“超级中学”的支持。

其二，变革传统的学校评价制度。“唯成绩论”是持续影响许多家长与学校的教育理念。近年来，随着教育体制改革的深化，《关于深化考试招生制度改革的实施意见》及配套方案相继颁布，这种错误的教育理念已经被认识到并作出了调整。教育部门已经开始着手减少地方政府对“超级中学”的干预，控制各类中学的办学规模，规范“超级中学”的办学行为，重视提高优质教育资源的共享率与覆盖面。深化教育改革，需要打破传统的教学评价制度，多方面培养学生能力，打破“唯成绩论”这种偏激的教育绝对论对学生的束缚。

（二）亟须突破困境的民办公助教育模式

民办公助学校是一种同时兼有公办和民办两类学校优势，又同时避免两类学校劣势的新型体制学校。公助主要指学校在行政、资金及办学环境上，均比普通民办学校得到更多政策倾斜。其基本特点是由政府创办或资助创办，创办或改革之后政府逐渐减少拨款（通常在 3 年之后停止拨款），学校主要靠收取学费运转，同时学校在经费筹集和使用方面有更大的自主权。[①]

目前，在民办中小学中，民办公助的模式占据绝大多数。1996 年至 2000 年，我国民办中小学飞速发展，并初具规模。

① 文东茅、刘大立：《从经费收支看“民办公助”学校的发展》，《教育科学研究》2001 年第 11 期。

2003 年,《民办教育促进法》的实施使得民办公助学校依法获得了与公办学校同等的法律地位和办学自主权。民办公助学校的大规模发展打破了长期以来政府包办中小学教育的格局，是我国教育深化改革的成就之一。

民办公助教育模式以其特有的优势，对于教育资金的筹集、教育绩效的提高起到了有效的刺激作用，使我国基础教育在短期内取得较快的发展，其创新与发展有效增加了教学供给，丰富了教育资源，成为教育事业的重要增长点及教育改革的重要力量。与此同时，民办公助教育模式对教育公平的影响也引起了社会各界的广泛关注。

第一，整合社会资源，扩大教育投资。民办公助学校通过吸收社会资金来建设学校。由于该类学校日常运行的经费不需要政府承担，而是由承办者多渠道吸纳教育资源、筹集教育资金，因此此举有效地改变了政府对基础教育投资不足的情况，大大扩充了我国的教育经费。以我国基础教育为例，在财政性教育支出中，基础教育投入长期处于较低水平，在教育总投入中比例一直偏低。我国财政支出一直偏重于高层次教育投资的方针与分配比例政策，这种偏向无疑从结构上造成我国义务教育资源投入的短缺。[1] 而民办公助学校的出现无疑弥补了这种短缺。另外，民办公助学校的校舍是由政府提供的，使得办学具有很大的优越性，承办者整合的社会资源可以马上投入到改善办学条件中来。

第二，绩效性与革新性强。与公办学校相比，民办公助学校

---

① 王静、李雪平:《谁为“民办公助”教育的结果埋单》,《太原师范学院学报（社会科学版）》2010 年第 6 期。

具有很大的办学自主权，因此在深化内部管理机制改革方面更具有优势。许多民办公助学校可以依托重点中学，通过经济优势吸纳优秀师资，使得该类学校的师源整体素质相对较好，学校教育质量能够得到很大的提升。

事实上，民办公助是否为一个好的实施方案，还有很大的讨论空间。例如有人提出的问题：当营利和教育发生矛盾时怎么办？

不可否认，民办公助学校确实存在一些难以克服的盲点，近年来引发了许多现实问题。

第一，出现难以统一管理的问题。在开展全民公办教育时，教材是按照国家计划施行的统一的教材，教师是从师范院校分配的人员，学费是按国家法定标准统一收取，而教育改制后就出现了学校可以自行使用教材，聘用教师、学费由校方自定，人为地拉大了学校之间生源和办学条件的差距，这样就出现了家长根据师资力量和学费标准自主择校的现象，从而在义务教育阶段出现了难以统一管理的问题。①

第二，民办公助办学制度在一定程度上妨碍了义务教育的公平性原则。教育部发布的《中国教育与人力资源问题报告》指出，“重点校”是教育不公的重要起源。义务教育的宗旨就是让每一位学生都能得到全面而健康的发展，而一些民办公助学校是依托“重点校”的“校中校”，其师资都来源于原来的重点中学，且背靠大树获得的生源远远优于普通中学，从而给花钱上名校的

① 李雪丽:《试析北京地区“民办公助”学校的变革》,《首都师范大学学报（社会科学版）》2009 年第 1 期。

现象提供了现实生存空间。

第三，民办公助学校的存在某种程度上影响了公立学校的生存状况，造成公办学校师资力量的大量流失和生源的急剧下降。在我国当前教育资源极为稀缺的条件下，教育资源争夺战的背后是“名校”及其衍生出的民办公助学校不断扩张，而中等水平的学校则逐渐走向薄弱，最终造成教育资源供给的参差不齐。

第四，民办公助学校的存在一定程度上助长了腐败之风。近年来，民办公助学校引出的问题愈加凸显，许多学校只能面临改制，或转成公办或成为民办学校。许多民办公助学校都打算“转民”，但招聘来的教师们的“铁饭碗”被打破，公办学校来的教师因为编制问题肯定要回归原学校，这样部分民办公助学校因为师资问题就面临解体，而没有编制的教师会因为学校的解体面临失业，退回公办学校的教师因为没有了高工资和有利的环境，他们能愿意吗？另外，学生家长能同意吗？很多家长正是因为瞅准了名校的师资和环境才愿意支付高额学费的，那么改制后的学校教师资源的调整势必会影响学生的成绩。这一系列的问题仍有待各级政府和社会各界回答，并共同找出一条出路。

诚然，在民办公助学校改制过程中遇到的困难是可想而知的，要从源头抓起，政府主导，疏导结合与标本兼治，切不可操之过急。应该确立改制的规模，对于有充足经济实力和师资力量的学校可以先不强行改制，把薄弱学校并入所在区的公立学校，逐步恢复其公立性质。对于合并学校的教师可以适当地进入原所在学校区的公立学校任教，对于学生家长则要由政府出面进行安抚，按义务教育进行收费，待学生完成学年学习后，继续按区域入学。对利用国有资产开办的学校，要开展一次全面的清产核资工作，引导健全和完善学校的资产责任。

在教育产业化发展得如火如荼的同时，政府这只“看得见的手”更要注重推进教育公平。在义务教育阶段，政府应大力扶植公立优质教育，反哺薄弱的公立弱势教育，增大社会的满意度，保障和改善民生福祉，在推动教育类型多样化、主体多元化的同时促进教育公平，从而推进科教兴国、人才强国战略的实施和经济的高质量发展。

六、见贤思齐：国外教育建设的优秀案例

（一）德国：自成体系的“双元制”职业教育

德国被称为欧洲经济的“火车头”。第二次世界大战之后，德国经济飞速发展，其速度之快被誉为“经济发展的奇迹”。在这一过程中，德国的装备制造业对其经济发展产生重大的影响。装备制造业的发展与高质量蓝领队伍的壮大息息相关。德国的“双元制”职业教育体系为培养高质量的蓝领队伍提供了强有力的保障。可以说，“双元制”职业教育体系的发展，为德国制造业提供了高水平的从业者，极大地提高了德国企业的竞争力，为德国经济发展作出了重大的贡献。

所谓的“双元”，其实是指私人办的企业与国家办的学校相结合，国家和企业共同承担职业教育的经费。职业教育的学习年限根据职业不同而有所差别，受教育者每周 4 天在企业学习，1—2 天在职业学校学习。学习期间，企业会给予受教育者实习经费，

且实习经费不需要缴税。在德国，只有经过国家资格审查认定的企业才能够开展职业教育，有资格开展职业教育的企业又被称为教育企业。由于承担了育人的社会责任，它们在德国的社会地位和声誉是极高的。目前整个德国只有四分之一的企业具有开展职业教育的资格。和政府相比，企业在开展职业教育过程中发挥主要作用。在招收学生时，教育企业十分谨慎，会根据本企业的发展以及经济社会背景来招收学生，并对应聘者进行职业配适度测试。在决定招收学生之后，企业会与其签订《职业教育合同》。该合同是教育合同，学生在学习年限终止之后，合同也会随即终止。学生在毕业之后可以自主选择想要就业的机构而不受到教育企业的限制。因此，这种合同并不属于招工合同。“双元制”职业教育模式非常正规，企业必须按照法律规定的资格标准来对学生提供职业培训。政府针对“双元制”职业教育制定了配套的教育计划，企业必须按照计划向学生传授职业相关的专业知识。据统计，“双元制”教育体制在德国的接受度非常高，2012 年约有 65% 的年轻人选择接受职业教育。[①]

德国“双元制”职业教育何以取得成功？我们可以从法律政策、经费保障和师资队伍三个方面来进行分析。

第一，完备的法律政策。“双元制”职业教育在德国取得成功离不开其完善的法律政策。德国十分注重使用法律手段来保障学生的权利，规范职业教育的发展。近几十年，德国不断地针对职业教育立法，《联邦各州专科大学发展协议》《职业教育法》

① 陈德泉：《德国双元制职业教育的重新审视》，《中国高教研究》2016 年第 2 期。

《职业教育促进法》等促进高等职业教育发展的法律法规相继获得通过。政府以法律的形式保障了高等职业教育的正常运行，促进了职业教育健康有序发展。[①]

第二，充足的教育经费。德国职业教育的发展也依赖充足的教育经费。德国高等职业教育的经费体系主要由政府财政与私营经济组成。德国大多数职业院校的建设与开销主要由政府拨款，但也存在着企业和个人多方投资科研经费的情况或者校企合作承担教育经费的现象。而在接受职业教育的过程中，学生花费的钱是极少的。这也是该类型的职业教育在德国获得很高接受度的重要原因。

第三，优质的师资队伍。德国“双元制”职业教育的师资力量十分优质。职业老师“进门难”，学校会对老师的准入资格进行严格考察，以确保老师的专业化培养能力。一旦成为职业学校教师，其待遇便十分优厚。严格的准入制度与丰厚的待遇造就了优质、稳定的师资队伍，为高质量蓝领队伍的培养提供有力保障。

反观我国，近年来随着经济不断发展，制造业人才的需求量大增。为了提高应用型技术人才的质量，我国越来越重视职业教育的发展，主动吸收外来经验，大力改革职业教育。例如，目前国家已经将校企合作运用到应用型技术人才的培养模式中。但由于职业教育发展时间较短，我国应用型人才培养模式依然与发达国家存在较大的差距。

---

① 李工真:《德意志道路：现代化进程研究》，武汉大学出版社 2005 年版。

第一，尊重和支持职业教育的社会氛围尚未形成。受到传统教育理念的影响，很多家长认为“学而优则仕”，读职业学校是没有出路的选择。孩子只有读重点大学才能找到稳定的工作。这种“重仕途，轻技术”的观念目前在整个社会的教育观念里占据主导地位。可以说，尊重和支持职业教育发展的社会氛围还没有形成。

第二，校企合作的职业教育发展模式的落地生根还有很长的一段路需要走。许多职业院校和企业对于校企合作共同发展职业教育的认识不够深刻。其中一些并没有意识到在职业教育的培养模式中，课堂学习对于学生的能力培养是有限的，忽视企业的参与作用其实阻碍了学生实践操作能力的发展。而对于那些已经开展校企合作的学校，其中一些目的并不单纯，仅仅是为了转移办学负担，利用企业的硬件设施来弥补自身硬件设施的不足，甚至把这种模式作为应付上级的权宜之计，并没有聘请有经验的专业企业人员来传授经验。而从企业的角度看，企业只注重自身的发展，并不愿意承担培育应用型技术人才的社会责任。总之，校企的合作力度不高，无法培养出高水平的专业人才。

第三，政府对高职校企合作缺乏有效的财政和政策支持。政府对职业教育的发展无疑会起到重要的推动作用。与德国的高等职业教育相比，我国对职业教育的财政投入明显不足，这就导致职业教育的发展存在着明显的经费不足现象。目前，我国大力倡导职业学校和企业合作，但是经费下拨困难却成为限制校企合作的重要因素。和德国“双元制”职业教育相比，我国针对职业教育的法律法规建设明显薄弱，政策支持和财政支持的缺乏使得我国职业教育很难进一步开展。

通过以上对我国职业教育发展存在的问题进行的简单分析，我们不难发现制约我国职业教育发展的因素涉及很多方面。而德国先进的职业教育体制无疑可以为我国职业教育提供宝贵的经验。

要营造重视高等职业教育的社会氛围。德国的教育企业具有非常高的社会地位，有超过半数的学生愿意到职业学校接受教育，可以说德国职业教育的发展与全社会的重视是分不开的。目前我国对职业教育的歧视源于其刻板印象，党和国家应该通过舆论进行引导，扭转大众的刻板印象，使社会全面了解职业教育的重要作用与未来走向，进而有效营造全社会支持职业教育的氛围。在职业教育的发展过程中，企业无疑扮演着非常重要的角色，高等职业院校需要摒弃落后的办学观念，积极地与企业开展合作。企业也应树立社会意识，把培养应用型科技人才作为企业的社会责任。只有摒弃落后的教育理念，形成重视职业教育的社会氛围，才能推动职业教育的发展。

要解决经费不足的困境。经费不足问题是制约我国职业教育发展的重要问题。党和政府需要提高对高等职业教育的重视程度，增加职业教育的财政投入，改善职业教育的硬件设施，此举无疑可以解决职业教育所面临的经费不足问题。党和政府还可以通过给予一定的政策优惠或税收优惠，鼓励民间资本和国际资本投资职业教育，促使参与职业教育的企业在一定程度上承担社会责任，同时鼓励更多的企业参与职业教育，提高企业的社会地位，缓解经费不足问题。

（二）日本：国际化教育的典范

随着经济全球化的发展，教育国际化发展越来越被各国重视。日本教育改革的重要内容就是教育国际化，促进教育的国际化发展是日本开创新的经济增长点、提升软实力的重要国家战略。研究日本教育国际化，对我国教育国际化发展具有重要的参考意义。

日本教育国际化内容丰富。为了更加明晰日本教育国际化的内容，我们可以从内部国际化、外部国际化、开发国际化三个方面展开。三者既相互独立又相互促进，共同构成了日本教育国际化的全貌。

首先，日本教育顺应内部国际化发展潮流。20 世纪末，出国就职的日本国民不断增多，这些出国就职的日本国民经常带着自己的子女出国接受教育。为了适应这一潮流，日本政府开始不断进行教育改革，促进教育国际化发展。

1989 年日本政府提出，中小学社会课要“加深理解世界与日本的关系”，国语课要“加深国际理解、培养国际协调精神”；初中与高中要重视外语课，道德课及特别活动要“培养日本人的世界意识”，世界历史成为高中必修课。1998 年，外语课成为初中及高中必修课，小学则利用“综合学习时间”讲授英语会话等。2008 年，日本的课程改革规定小学外语课增加 70 个学时，初中外语课增加 105 个学时。

日本政府还鼓励大、中学生出国留学、研修及研究。高中主要包括“高中生留学”（三个月以上）、“海外学习旅行”（三个月以下）、“修学旅行”三类。在政府的支持下，日本高中生留学人数逐年增加，1988 年上述三类留学生人数分别为 1229 人、692 人、51127 人，2008 年增至 3190 人、27025 人、179573 人。1998 年，日本留学海外的大学生约为 6.4 万人，2009 年度起，日本政府实施了“留学生交流支援制度（长期派遣）”，支持学生赴国外大学攻读研究生学位。

其次，日本政府重视外国留学生在日本的发展，将其视为提升日本国际竞争力的重要力量。随着日本国际影响力的不断提高，学习日本语的国家也在逐年增加。1984 年，日本政府制定了《面向 21 世纪的留学生政策》，计划在 21 世纪初招收 10 万留学生（该计划于 2003 年完成）。2008 年，文部科学省与其他省厅（外务省、法务省、劳动省、经济产业省、国土交通省）联合制定了“留学生 30 万人计划”，计划到 2020 年接收留学生 30 万人。在日本政府的大力推动下，外国留学生人数逐年增加，1980 年为 6572 人，2003 年达到 109508 人，2018 年达到 141774 人。日本还重视接收小留学生。文部科学省从 2003 年起实施了《外国青少年接收倍增计划》，计划到 2010 年接收外国中小学生的人数由每年 4 万增至 8 万。2018 年 5 月，就读于日本公立小学、初中、高中的外国留学生达 74214 人。

最后，从开发国际化来看，日本积极参与国际组织的教育项目和对发展中国家的教育开发。日本教育的国际合作与开发，主要包括参与国际组织的教育项目、对发展中国家进行教育开发。

参与国际组织教育项目是日本教育国际化的重要行动内容。日本近年来动作频频，参与了“亚太地区教育开发计划”“亚太地区全面普及教育事业计划”“艾滋病教育事业”“妇女识字教育”“环境教育”“信息技术教育”等项目。

日本的国际教育开发始于 20 世纪 60 年代，进入 21 世纪后则愈益加强。21 世纪初，日本的对外教育开发呈现两大新特点：一是重视对发展中国家基础教育的开发；二是加强国内的教育开发体制。2001 年，文部科学省设立国际教育合作恳谈会，认为“为了实现日本国际教育合作的质的转变，有必要从根本上完善国内体制”。为了促进社会力量与学校之间的合作，使各界有组织地参与国际教育开发，从 2002 年开始，日本建立国际教育合作的“据点体制”，以广岛大学与筑波大学为中心，联合大学、非政府组织、企业，有组织、有系统地全面利用日本的资源，开发发展中国家的初中等教育。

加入世界贸易组织以来，我国的教育产业化、国际化空前发展，并取得了令人瞩目的成就，但我国在教育国际化改革、对外教育研发上尚落后于日本。日本教育国际化起步早、发展快，可以为我国教育国际化发展提供很好的借鉴。

日本将教育国际化提高到国家战略的高度，由各级政府会同教育部门通过制定细化的支持政策和提供稳定的基金支持，切实促进了教育国际化。总结日本教育国际化中的经验教训，有助于我国更好地推进教育国际化事业。

首先，要解决“由内向外”的问题。国家留学基金委每年都会发布公派研究学者、访问学者、留学生项目，以及联合培养研究生、国际组织人才和外语助教等一系列的资助计划，鼓励广大青年走出国门，学成后回归报效祖国。

其次，要着力实现“由外向内”的升级。作为一个有着五千年悠久历史的文明古国，我国自古就有重视教育的传统，我们的对外汉语教育和文化推广工作做得可圈可点。截至 2020 年 6 月，我国已在 162 国家（地区）设立了 541 所孔子学院和 1170 个孔子课堂。同时，依托国家留学基金委的平台，我国为来华留学生提供各层次的奖学金，并通过开设英语等多语种的授课模式，提升我国的对外教育服务能力。同时，我国还通过在线教育平台将教育资源更好地融入世界教育的发展中。

最后，应该清醒意识到教育国际化的艰巨性和复杂性。我们既要努力缩短自身与发达国家教育水平上的差距，也要处理好国际化和民族化的平衡问题，做好有中国特色的教育国际化。

（三）新加坡：大学生创业教育的迅速腾飞

“大众创业，万众创新”可以被认为是当前最热门的话题之一。随着知识经济的发展，创新型人才在促进国家经济发展的过程中扮演着重要的角色，大学生创业教育的重要性可见一斑。

新加坡是一个创业教育体系十分先进的国家，创业教育体系极大地促进了新加坡经济腾飞。新加坡的创业教育融入其自身的社会特色并经过长期的实践检验，对我国创业教育的发展具有重要的借鉴意义。

新加坡大学生创业教育可以追溯到独立之初。当时，新加坡百废待兴，经济遭受严重挫折。在这种情况下，新加坡政府成立了经济发展局（EDB）来解决独立初期的就业问题。20 世纪 70 年代，随着经济的不断发展，新加坡经济发展局不断开展海外职业培训，将国内优秀青年送往海外进行培训。这是新加坡创业教育的开始阶段。20 世纪 90 年代，随着经济全球化的发展，一些贫穷国家和发展中国家的劳动力成本相对低廉，许多制造企业选择从新加坡转移到经济相对落后的地区，导致新加坡制造业的发展面临极大的挑战，产业工人面临失业危机。为了扭转这种不利状况，新加坡掀起了一片创业浪潮，其政府开始大力鼓励民众创业，创业教育也在这一时期得到极大的发展。

1997 年亚洲金融风暴后，新加坡政府开始制定政策扶持当地企业的发展，并在创新创业方面投入大量的资金，这为创业教育发展提供了政策支持和资金支持。进入 21 世纪以来，新加坡创业教育飞速发展，创业教育体系逐步完善。总结起来，新加坡创业教育具有以下重要特点。

首先，官方政策的支持。从新加坡创业教育的发展史看，新加坡政府发挥着重要的推动作用，在政策和资金上给予大力支持。在政府的指导下，新加坡小学、中学、大学阶段分别开设了创业教育相关课程。在小学、中学阶段，学校采取娱乐教学的方法向学生传递商业创新知识，在大学阶段则设有专门的创业教育课程。新加坡政府还专门组织全国创新行动计划。在 2015 年 10 月举行的第三届中新知识论坛上，新加坡科技研究局主席林泉宝透露，新加坡政府在近 25 年里，投资了 160 亿新元用于国家研究和创新创业，而且每 5 年会拨款一次；设置了创新与创业理事会，由总理亲自担任理事会主席。由此可见，新加坡政府意识到创新文化的重要性并把它作为一项长期的发展策略，促进了创业教育的发展。①

其次，具备国际化的创业教育观。进入 21 世纪以来，随着国家对创新型企业人才的需求不断增加，国际化的创业教育逐渐被纳入新加坡政府的计划之中，各类学校开始设立与国际联结的创业教育模式。以新加坡南洋理工大学为例，该校设置了创新创业硕士课程。在受教育者学习过程中，该校会组织其参观国内外

① 黄兆信、刘丝雨、张中秋:《新加坡大学生创业教育的成功经验及启示》,《高等工程教育研究》2016 年第 4 期。

的成功企业和初创企业，通过了解企业在不同阶段面临的困难以及应对困难的有效方法，使受教育者学习经验，并为受教育者提供咨询服务，帮助受教育者成为具有国际视野、熟悉创业规则的高水平复合型人才。南洋理工大学还与新加坡政府共同创办南洋科技创业中心，开设一年制的创新创业硕士课程，通过开展企业培训、职业培训、企业考察等项目，使受教育者有更多的机会深入接触国外企业。新加坡国立大学、新加坡管理大学、义安理工学院也设置了同样的课程以培养创新型企业人才。

再次，拥有优质的软硬件设施。新加坡政府和高校十分重视创业教育师资力量建设，花费了大量人力、物力、财力从全球招募具有创业理论知识和实践经验的优秀人才来打造其教师团队，提供的待遇十分丰厚，而且让教师拥有大量机会前往世界各地参加学术交流，让其掌握最先进的创业文化。新加坡高校从事创业教育的教师被认为是全国最优秀和最专业的教师。近年来，新加坡政府对于教育硬件设施的投入不断增长，每年均以国民生产总值 3%—4% 的经费投入发展教育事业。[①] 教育经费的大量投入，极大地提高了创新教育硬件设施的更新率，促进了教学方式的现代化发展。

最后，注重创业教育的创新性和实践性。新加坡创业教育采用互动式教学的方法，在课程里采用企业案例分析、素质拓展、现场模拟等方式传授商业知识，这种创新性的教学方法极大地提高了学生的学习效率。同时，新加坡各高校的创业教育课堂十分

① 黄兆信、刘丝雨、张中秋：《新加坡大学生创业教育的成功经验及启示》，《高等工程教育研究》2016 年第 4 期。

重视理论与实践的结合，注重将创业成果产业化，鼓励学生将自己的学术成果产业化或直接发展成初创企业，学校会为这类企业提供一定程度的资金支持和咨询服务。以新加坡国立大学为例，1998 年以前，该校学生共创建了 10 家小型企业，但在 1999 年至 2001 年，该校新创科技企业每年可以达到 11 家左右，而在 2003 年至 2005 年，新创科技企业每年增加到 16 家。[①]

新加坡创业教育的成功经验给我国教育事业发展带来几点启示。

第一，注重对创业教育师资的培养和引进。从新加坡的成功教育经验中，我们可以发现新加坡政府与高校十分重视对创业教育师资队伍的培养。目前缺乏较高理论和实践水平的教师团队是我国创业教育发展动力不足的重要原因之一，因此，如何使具有丰富经验的企业人才进入创业教育师资队伍是各级政府与高校需要考虑的重要问题。政府和高校需要注重对创业教育师资的培养和引进，通过高薪聘请成功的企业家来学校兼职或者给予现有的教师团队更多的机会到企业学习先进经验等方式，提高创业教育的师资力量的水平。

第二，提升创业教育课程体系的国际化水平。新加坡成功的教育经验告诉我们，必须重视国内创业教育与国际化标准的接轨，确保受教育者能学习到国际创业教育的先进知识和国际知名企业的成功经验。目前，国内的创业教育并没有形成完整的课程体系。为了提高创业教育的国际化水平，国内高校可以通过学习

① 邹瑞睿：《新加坡大学生创新创业教育特色及其启示》，《合作经济与科技》2017 年第 9 期。

国外创业教育模式，引进国外的课程计划与教材，传授给学生更多的企业发展前沿知识，还可以加强与具有国际先进创业课程教育经验的高校合作，借鉴外校的优秀研究成果，建立与国际接轨的创业教育课程体系。

第三，建立大学生校园创业服务体系。目前我国已经确立北京大学、清华大学、中国人民大学、北京航空航天大学等为创业教育试点学校，并在这些高校建立创业服务机构，但是没有建立起大学生校园创业的信息服务网络体系。信息服务网络体系对大学生创业的作用无疑是巨大的。在创业初期，大学生会遇到很多困难，信息服务网络体系不仅可以为大学生提供咨询服务，还可以为其提供丰富的创业资源。一些创业成功的知名校友可以通过信息服务网络体系与大学生进行直接的经验分享。此外，建立大学生创业风险投资机构也是十分必要的，该类机构可以为初次创业的大学生提供法律咨询、创业培训等服务，为大学生创业提供有力的后盾。总之，完善的大学生创业服务体系是我国创业教育体系的关键一环，只有对其加以重视，才能激发学生的创业动力。

（四）北欧：高水准、高质量的基础教育体系

北欧是世界上少数能做到教育公平、尊重学生个性发展、课程设置保持较大弹性的地区。中国骨干中学校长曾多次到芬兰等北欧国家考察学习其先进的教育经验。多年来，北欧地区国家的基础教育一直保持高水准、高质量发展，其基础教育发展的先进经验可以作为我国基础教育改革的他山之石。

北欧地区国家的基础教育何以走在世界前列？归纳起来，有

四大主要因素。

第一，重视师资力量的培养。北欧地区国家十分注重教师的筛选和培养。以芬兰为例，其法律规定只有取得硕士学位，并通过教师资格考试的应聘者才可以成为教师。教师在北欧地区国家的社会地位和福利待遇是相当高的。政府为教师提供在职培训和攻读学位的机会，一部分高校还为教师提供终身的免费培训。北欧地区国家给予教师的优惠政策在一定程度上有利于提升教师的专业素质。

第二，具有先进的教育制度和教育理念。北欧地区国家十分重视学生的个性发展，尊重学生的发展规律，注重培养学生的动手能力、创新能力、受挫能力和思想道德品质。崇尚自然的生活理念可以体现在北欧地区国家基础教育的各方面。学生的学习过程是愉快且没有压力的。以瑞典为例，其中小学不会安排考试，没有分数之说，老师更不会根据文化课成绩来给学生排名。北欧地区是世界上少数能够做到教育几乎完全公平的地区。在北欧地区，每一个儿童接受教育的机会都是同等的，每一个学生都占有同等的教育资源，教师团队、教育硬件设施和教育水平并不会由于地区的不同而产生差异。这种教育制度的制定，尊崇自然发展的客观规律，使处于基础教育阶段的每一位学生都可以快乐地享受学习生活。

北欧地区各国在制定教育政策和落实改革举措时均体现了站位高、思虑远、原则硬的特点。政策制定和改革推进不会急功近利、谋求短期收益，而是从时代和社会需要出发，遵从发展规律，有的放矢，培养顺应世界发展潮流、推动社会进步的优质人才。

第三，注重学生的全面发展。北欧地区国家基础教育的课程设置十分注重学生的全面发展，为学生提供自我管理、逻辑思维、社交、职业规划、生存技能等全方位的教育。以挪威为例，该国的安全常识教育包含“放风筝注意事项”等数百条涵盖小学生安全各方面的内容。不仅如此，北欧地区国家十分重视挖掘和培养学生的天赋，并为具有特殊天赋的学生提供特殊教育。目前有 35% 的学生正在接受特殊教育，学校会有针对性地为他们提供诸如音乐、健美操等方面的专业教育。不仅如此，一些具有先天性生理障碍的学生也会得到学校提供的特殊教育。北欧各国政府投入大量的资金，以保障每一个特殊孩子能够接受针对性的教育。

第四，课程设置具有较大的弹性。北欧地区国家基础教育的课程设置弹性较大，老师有很大的空间因材施教，学生的学习压力会大大减少。课程设置弹性化的重要原因是，政府将教育权力下放给学校，政府只规定一些公共科目，由学校来规定课程数量和种类。学生在学习少量必修课之外，还可以根据自己的兴趣选择一些选修课。这种基础教育阶段的选修模式极大地冲击了传统的教学方法。与此同时，政府并没有制定严格的年级划分和学制规定，班级内出现年龄差超过四岁的学生是十分常见的。以芬兰为例，该国的课程设置弹性较大。为了尊重学生的差异性，芬兰学校没有固定的班级授课，学生可以根据自身能力与时间来安排学习计划，选择某一时间到学校上课。这种新型教学模式打破了传统的灌输型教育模式，体现了芬兰教育尊重学生个性的原则。

“少年智则中国智，少年强则中国强。”基础教育是我国教育事业的重要组成部分，关乎国计民生。北欧地区国家基础教育的先进性为世界所公认。我国的国情与北欧地区国家不同，不能盲目套用其先进经验，但可以科学地和有针对性地进行借鉴。我国不可能在短时间内完成像北欧地区国家一样高度均衡化的教育改革，但可以在基础教育改革过程中做到因地制宜，平等配置教育资源，共享教育改革成果。

目前我国的基础教育主要以义务教育为主。义务教育属于政府的计划型教育。政府应该将主要的资金和人力投入在义务教育上，注重对师资力量的筛选和培训，适当提高教师的待遇和社会地位，加大对中小学基础设施建设的资金投入，加大对贫困地区的扶贫力度，努力推进教育公平，实现适龄儿童零辍学。基础教育中另一重要的组成部分是市场型教育。目前市场型教育领域出现了许多市场失灵的现象。例如，某些投机者恶意引导，导致中小学市场型教育乱象频现。针对这些乱象，政府应该加大对市场教育的监管与指导，注意法律法规的完善。

近年来国家出台的很多中小学生减负政策效果甚微，学生和家长的教育压力日益增大，一些大城市的家庭教育成本过高。我们倡导教育要以学生为本，就是要创新教学模式和方法，丰富授课环节和内容，增设文体类科目，真正将德智体美劳的要求落实到课堂上，创新考核评价机制，力求让学生轻松学习，使需求和兴趣成为学习的原动力。在经济发展较快的地区，比如北京、上海、广州、深圳等大城市，可以选取试点学校采用北欧地区国家基础教育模式开展教学工作，待科学分析其成果后决定是否普及推广。

由于人口体量、民族数量、居民地域性与北欧地区国家具有明显差异，我国在制定教育政策时要将不同民族、不同区域的特点考虑进去，在借鉴北欧地区国家基础教育发展理念的同时，要发展具有中国特色的基础教育。

七、结语

教育是民族固本铸魂的大工程，承担着全面建成小康社会、加快推进社会主义现代化强国建设的重大责任。教育政策的一举一动牵动着千家万户。教育又是民生之源，不仅可以斩断贫困的代际传递，而且能为贫困地区的经济社会发展输送高水平的人力资本，有助于推动贫困地区“脱贫摘帽”，缩小地区间的贫富差距。

中华人民共和国成立以来，特别是改革开放以来，我国教育事业取得举世瞩目的成就。《2019 年全国教育事业发展统计公报》显示，全国共有各级各类学校 53.01 万所，各级各类学历教育在校生 2.82 亿人，专任教师 1732.03 万人。其中，学前教育毛入园率 83.4%，九年义务教育巩固率 94.8%，高中阶段毛入学率 89.5%。近年来，随着教育现代化的深入推进，贫困地区受教育水平显著提高，职业教育体系更加完善，总体教育质量明显增强。教育为经济社会持续健康发展作出了基础性、全局性、先导性贡献，我国总体教育水平跃居世界中上行列，实现了从人口大国向人力资源大国的转变。然而新时代教育改革也面临着诸多挑战，比如受教育人口的就业问题。党的十九大报告明确提出：“就业是最大的民生。要坚持就业优先战略和积极就业政策，实现更高质量和更充分就业。”[①] 毕业生就业问题引起了全社会的高度重视，尤其是 2020 年年初暴发新冠肺炎疫情后，党和国家出台了一系列政策措施稳就业、保民生，全面强化就业优先政策。2020 年高校毕业生人数达到 847 万人，千方百计稳定和扩大就业成为全社会的重中之重。

新时代赋予中国教育前所未有的重任。目前我国教育改革已经进入“深水区”，一些难啃的“硬骨头”亟待解决。只有拿出敢为人先的勇气，深化教育体系改革，才能让教育事业朝着人民满意的目标稳步迈进。社会主义现代化建设的不断推进对教育事业提出了更高的要求，我们要抓住机遇、超前布局，以更高远的历史站位、更宽广的国际视野、更深邃的战略眼光，对建设教育强国作出总体部署和战略规划。坚持把优先发展教育事业作为推动党和国家各项事业发展的重要先手棋，使中国教育既注重教育公平，科学选拔人才，引导学生全面发展，又能把握世界教育发展的大趋势，拓展国际视野，增强国际竞争意识，探索国际经验的本土化实践，不断使教育同党和国家事业发展要求相适应、同人民群众期待相契合、同我国综合国力和国际地位相匹配。

---

① 习近平:《决胜全面建成小康社会　夺取新时代中国特色社会主义伟大胜利——在中国共产党第十九次全国代表大会上的报告》，人民出版社 2017 年版，第 46 页。

第二章

医疗：全民健康与全面小康

没有全民健康，就没有全面小康。医疗卫生服务直接关系人民身体健康。要推动医疗卫生工作重心下移、医疗卫生资源下沉，推动城乡基本公共服务均等化，为群众提供安全有效方便价廉的公共卫生和基本医疗服务，真正解决好基层群众看病难、看病贵问题。

——习近平

良好优质的医疗条件，是小康生活的重要组成部分，对于全面建成小康社会具有重大意义，更是人民群众向往的美好生活的基础和保障。在全面建设小康社会的进程中，我国居民的医疗环境得到了显著改善，在朝向让全体人民病有所医目标前进的道路上，取得了前所未有的成就。然而，随着医疗卫生整体水平和居民卫生健康需求的不断提升，我国居民各级医疗条件仍存在明显的不平衡、不充分等问题，随着一系列改革政策的推进和落地，看病难、看病贵问题有所缓解，但仍然制约着让全体人民病有所医目标的实现，同时，医患矛盾的发展酿成了一系列医患冲突，对我国医疗卫生体制的可持续发展形成了重大威胁，制约着人民群众对健康生活愿望的实现。医疗问题是重大民生问题，关乎人民健康，而人民健康是经济社会发展的基础条件，是民族昌盛和国家富强的重要标志，也是广大人民群众的共同追求。党和政府高度重视医疗卫生工作，始终把解决和改善人民群众医疗问题，保障人民群众身体健康置于工作中的重要地位。习近平总书记多次强调，没有全民健康，就没有全面小康。在2020年打赢新冠肺炎疫情防控阻击战过程中，习近平总书记一再强调，必须高度重视疫情，全力做好防控工作，要求各级党委和政府及有关部门把人民群众生命安全和身体健康放在第一位，采取切实有效措施，坚决遏制疫情蔓延势头。在全面建成小康社会的这一历史节点上，人们对健康生活、美好生活的期待，比以往任何时候都更加强烈。

当前，我国在应对新冠肺炎疫情的过程中，出台了《关于全面深化医疗保障制度改革的意见》，对医保制度建设提出了共建共治共享的新要求。我们必须深入学习、认真领会贯彻党中央的重要指示，积极总结经验，克服不足，多方借鉴，不断推进医疗卫生体制改革，解决好医疗领域中存在的各种问题，让全体人民病有所医，最终实现全民健康的目标。为此，本篇讨论了医疗对于全面建成小康社会的重大意义，概述了我国在医疗卫生体制改革中取得的巨大成就，分析了当前医疗卫生领域存在的主要问题，深入探讨了新一轮医改的方向，介绍了对于我国医疗卫生体制改革有启发意义的国际经验，以期对我国医疗卫生体制的下一步改革有所帮助和借鉴。

一、全民健康与全面小康：医疗卫生建设对于全面建成小康社会的重大意义

2014 年 12 月 13 日，习近平总书记在江苏调研时前往镇江市丹徒区世业镇卫生院，了解农村医疗卫生事业发展和村民看病就医情况时指出："没有全民健康，就没有全面小康。医疗卫生服务直接关系人民身体健康。要推动医疗卫生工作重心下移、医疗卫生资源下沉，推动城乡基本公共服务均等化，为群众提供安全有效方便价廉的公共卫生和基本医疗服务，真正解决好基层群众看病难、看病贵问题。"[①]

2016 年 8 月 19 日至 20 日，习近平总书记在全国卫生与健康

①《习近平关于社会主义社会建设论述摘编》，中央文献出版社 2017 年版，第 99 页。

大会上再次强调："没有全民健康，就没有全面小康。""健康是促进人的全面发展的必然要求，是经济社会发展的基础条件，是民族昌盛和国家富强的重要标志，也是广大人民群众的共同追求。"[①] 这是习近平总书记在全国范围内阐述的医疗水平对于全面建成小康社会的重大意义。

由此可见，在全面建成小康社会的大背景下，不仅要在宏观层面实现健康强国和健康社会的建设发展，也要在微观角度满足人民群众对健康生活的需求，进而为全面建成小康社会提供良好的人力发展基础。

（一）健康是促进人的全面发展的必然要求

人的全面发展是指人的体力和智力的充分、自由、和谐的发展。人们常把健康比作"1"，事业、家庭、名誉、财富等就是"1"后面的"0"，健康是每一个人成长和实现幸福生活的重要基础，是促进人的全面发展的基础条件，人生圆满全系于"1"的稳固。

一直以来，生存和发展都是人民的基本需求，而健康是生存和发展的前提，是人全面发展的生理基础。健康的体魄不仅包含强健的身体，还包括健康的心理和良好的精神状态。有了健康的身体，人才能够从事劳动，在劳动中收获快乐与满足；有了健康的身体，人才能够安心学习，在学习中感受知识的美好；有了健康的身体，人才能够积极参与公共事业，在奉献中收获自己的人生价值。

---

①《习近平谈治国理政》第2卷，外文出版社2017年版，第370页。

习近平总书记指出：“全民健身是全体人民增强体魄、健康生活的基础和保障，人民身体健康是全面建成小康社会的重要内涵，是每一个人成长和实现幸福生活的重要基础。”[①]

同时，健康的心理也对人的社会关系有着不可估量的影响。疾病不只会给患者本身和其家人带来痛苦，而且会让人更加敏感，对周围人的不信任很容易转化为怨愤的情绪，导致暴力、反社会行为的增加，从而使人际交往的社会关系更加恶化。而健康的心理则使人更加阳光，积极向上，能够以更加饱满的热情和充沛的精力投入劳动中。

针对心理健康，习近平总书记提出：“要加大心理健康问题基础性研究，做好心理健康知识和心理疾病科普工作，规范发展心理治疗、心理咨询等心理健康服务。”[②]

（二）健康是经济社会发展的基础条件

人民的身心健康是经济社会发展的基础条件。习近平总书记提出：“经济要发展，健康要上去，人民的获得感、幸福感、安全感都离不开健康。”[③]

健康是经济发展的基础。没有人民的健康，经济生产就无从组织。毛泽东同志曾用“绿水青山枉自多，华佗无奈小虫何！千村薜荔人遗矢，万户萧疏鬼唱歌”的诗句，道出了瘟疫肆虐

①《习近平会见全国体育先进单位和先进个人代表等时强调　发展体育运动增强人民体质　促进群众体育和竞技体育全面发展》，新华网 2013 年 8 月 31 日。

②《习近平谈治国理政》第 2 卷，外文出版社 2017 年版，第 372 页。

③《习近平：要做身体健康的民族》，新华网 2018 年 4 月 11 日。

下人们背井离乡的凄惨状况，也道出了失去健康的经济发展的停滞状态。2020年年初暴发的新冠肺炎疫情，让无数正常的经济活动纷纷停摆，与经济社会发展密切相关的餐饮、旅游等行业受到不同程度的影响和冲击。

健康是社会发展的基石。没有健康的人民，社会发展也无从谈起。社会不仅仅是由一个个人简单机械组成的群体，社会发展的核心在于人与人之间形成健康的关系和纽带，这一关系和纽带离不开健康的人这一主要的“发展原料”，否则社会发展也就无从谈起。马斯洛需求层次理论也认为，生理需求和安全需求是人类追求更高层次需求的基础。假如人民因看病难、看病贵而无法保障自身的生命健康安全，又怎会有动力去自觉维护社会秩序稳定，参与建设更加完善的社会体制？

（三）人民健康是民族昌盛和国家富强的重要标志

习近平总书记在党的十九大报告中指出：“人民健康是民族昌盛和国家富强的重要标志。要完善国民健康政策，为人民群众提供全方位全周期健康服务。”[①] 回顾历史，晚清时期，鸦片流入中国，给民众的身心健康造成了无法估量的伤害，“东亚病夫”的称号也随之而来，沉重打击了民族自尊心与自信心。习近平总书记强调，我们比历史上任何时期都更接近中华民族伟大复兴的目标。这就要求我们，一定要着力改善人民群众的生活条件，保障人民健康，从而实现民族昌盛。

---

① 习近平：《决胜全面建成小康社会　夺取新时代中国特色社会主义伟大胜利——在中国共产党第十九次全国代表大会上的报告》，人民出版社2017年版，第48页。

同时，我们也应看到，一个国家的医疗水平和人民健康水平是衡量国家发展水平的重要标志。良好的医疗环境有助于人均寿命的延长，有助于人民幸福感的提高，是国家文化软实力的重要组成部分。长期以来，人们都把医疗卫生视为社会福利，认定其属于消费开支，认为医疗卫生和健康事业不具有生产功能，因而在制定经济社会发展规划时都将其摆到末位，甚至未列到规划中。造成这种现象的根本原因，是没有认清人民健康在国民经济和社会发展中的重要位置，未能将其放入衡量和评价国家繁荣与发达程度的评价框架中。第二次世界大战以后，随着科学技术的进步和社会生产力的迅速提高，人类社会已逐步由传统的工业型社会演变到知识文明型社会。国际竞争是综合国力的竞争，人力和人才因素在决定一个国家综合国力中起到愈发关键的作用。未来，围绕人民身体素质和健康水平的竞争，将更加深刻地影响一国在国际发展和竞争舞台上的地位。

（四）健康是广大人民群众的共同追求

一直以来，健康长寿都是人民群众的共同追求。早在先秦时期，《诗经》中便有许多名篇表达了人们对于健康长寿的向往。《秦风 · 终南》中有“寿考不忘”、《曹风 · 鸤鸠》中有“胡不万年”、《豳风 · 七月》有“为此春酒，以介眉寿”、《商颂 · 烈祖》中有“绥我眉寿，黄耇无疆”、《周颂 · 载见》中有“以介眉寿，永言保之”、《小雅 · 天保》中更是有大家耳熟能详的“君曰：卜尔，万寿无疆”等内容。

在古代，中医便有治未病的理念。通过预防疾病来获得健康，是人类一直以来的宝贵经验，也体现着人们对于健康的追求。

中华人民共和国成立后，疫病丛生、缺医少药等成为国民经济和社会发展面临的新问题，基本医疗卫生状况距离民众的需求与预期有较大的差距，因而思考与制定保障国民健康的卫生方针极为重要。毛泽东同志提出，要“关心群众的痛痒”“和他们呼吸相通”，主动运用群众性的观点和视野来分析和解决困扰人民群众的健康难题，直面人民群众对健康的诉求。他始终主张国民健康的重点在于大多数人的健康，要重视和关怀广大人民群众对健康的要求。

改革开放以来，随着经济的飞速发展，人民群众对健康越来越重视，健康在幸福感中的地位日益上升。40多年来，人民群众的健康状况大为改善。但是，不论在理论上，还是从社会现实的表现来看，人民群众对健康的需求和定位显然有了新的变化和特征。为了更好地实现全民健康，更好地满足广大人民群众的追求，2016年8月26日，中央政治局审议通过《“健康中国2030”规划纲要》（以下简称《纲要》），指出健康中国建设是实现人民健康与经济社会协调发展的国家战略，明确指出健康中国的国家战略性质。《纲要》中对“健康中国”战略目标进行了具体而细致的阐述，也进一步指出了全民健康的具体要求。

> 到2030年，促进全民健康的制度体系更加完善，健康领域发展更加协调，健康生活方式得到普及，健康服务质量和健康保障水平不断提高，健康产业繁荣发展，基本实现健康公平，主要健康指标进入高收入国家行列。到2050年，建成与社会主义现代化国家相适应的健康国家。

到2030年具体要实现以下目标：

——人民健康水平持续提升。人民身体素质明显增强，2030年人均预期寿命达到79.0岁，人均健康预期寿命显著提高。

——主要健康危险因素得到有效控制。全民健康素养大幅提高，健康生活方式得到全面普及，有利于健康的生产生活环境基本形成，食品药品安全得到有效保障，消除一批重大疾病危害。

——健康服务能力大幅提升。优质高效的整合型医疗卫生服务体系和完善的全民健身公共服务体系全面建立，健康保障体系进一步完善，健康科技创新整体实力位居世界前列，健康服务质量和水平明显提高。

——健康产业规模显著扩大。建立起体系完整、结构优化的健康产业体系，形成一批具有较强创新能力和国际竞争力的大型企业，成为国民经济支柱性产业。

——促进健康的制度体系更加完善。有利于健康的政策法律法规体系进一步健全，健康领域治理体系和治理能力基本实现现代化。

立足时代需要，切实提高人民的生活质量和幸福感一直是我们党的重大关切。确保人民群众的生命安全和身体健康也正是我们党为人民谋幸福初心的集中体现。习近平总书记在2016年全国卫生与健康大会上提出："要把人民健康放在优先发展的战略地位。"[①] 深刻回应了人民群众对健康的关切与追求。这充分

①《习近平谈治国理政》第2卷，外文出版社2017年版，第370页。

反映了健康会长期并且一直是广大人民群众的重要发展诉求和需要。

二、两向探索与五路突围：我国医疗卫生体制改革的巨大成就

中华人民共和国成立以来，我国建立起了一套符合当时经济条件的医疗卫生体制。改革开放后，按照党在社会主义初级阶段的基本路线，在社会主义建设的过程中，我国在医疗卫生领域建设方面也不断探索，不断改革，取得了一系列重要成就，也带来了一定的问题。2009 年新医改尤其是党的十八大以来，通过在五大领域重点发力，我国医疗卫生体制改革取得巨大的成就。本节以 2009 年为界，分别介绍 2009 年前我国在医疗卫生领域的探索和 2009 年后我国在医疗卫生领域的改革成就，同时，以 2020 年新冠肺炎疫情为例，介绍我国多年医改后的医疗卫生体制在应对突发疫情时所取得的主要成就。

（一）两向探索：新医改前我国医疗卫生体制的建设

在 2009 年新医改前，以改革开放为分水岭，我国医疗卫生体制经历了两大阶段。第一阶段为政府主导阶段，第二阶段则为市场化推进阶段。在不同阶段，我国医疗卫生体制改革针对当时的问题，向着两个不同的方向进行了改革与探索。我们将其归纳为“两向探索”。

首先是政府主导阶段我国的医疗卫生体制改革。中华人民共和国成立初期，我国的经济发展水平及医疗卫生条件非常落后。

为了对抗各种传染病，1952 年，第二次全国卫生工作会议确立了“预防为主、面向工农兵、团结新旧医、卫生工作与群众运动相结合”的四大卫生工作方针。通过发动群众的革命热情，实行消毒防疫、注射疫苗等措施，我国逐步解决了民国以来一直肆虐不断的疫情。

为了巩固成果，我国逐步建立了一套与当时的计划经济体制相匹配的，由公费医疗、劳保医疗、合作医疗组成的福利性医疗保障制度。在这套制度下，我国也形成了比较完善的农村和城市医疗卫生服务网络。而在医疗费用方面，由于人的生老病死都与其所在的单位有关联，人们看病的医疗费用，也大多由公有制的国有企业买单。

在这一医疗卫生体制下，无论是医疗卫生服务的供给者，还是医药或器械的供给者，由于其非营利性，不具有提供高质量商品的积极性。卫生基础设施建设也由此受到很大制约，优质的医疗卫生资源分布明显不均。整体来看，卫生系统长期处在重数量而轻质量的阶段。而在“文化大革命”的社会动荡中，卫生事业更是受到重大打击。

其次是市场化推进阶段我国的医疗卫生体制改革。“文化大革命”结束之后，医疗卫生领域的纠偏也随之开始。1978—1984 年出台的一系列文件，为接下来医疗卫生体制的市场化改革奠定了基础。这一时期，党和政府对“文化大革命”遗留的种种问题进行整顿，但这些恢复性的建设工作也给当时的财政造成巨大压力。

1979 年，时任卫生部部长钱信忠提出运用经济手段管理卫生事业的方针。在这一阶段，卫生工作的重心也相应转移到医疗卫生的现代化建设上。《关于加强医院经济管理试点工作的通知》《医院经济管理暂行办法》《全国医院工作条例》等一系列政策相继出台，定额补助、经济核算、考核奖惩等措施开始施行，政府试图通过经济手段扭转医疗机构在经济领域落后的局面。同时，《关于允许个体开业行医问题的请示报告》得到批准，个体经济因素被引入医疗行业。随着个体经济等因素的引入，国家不再是整个社会的唯一出资者，维系劳动力再生产所需要的医疗服务也不再完全由政府提供，市场化因素开始不断涌入，一系列的探索为未来的市场化改革铺平了道路。

1985 年 4 月，国务院正式批准卫生部《关于卫生工作改革若干政策问题的报告》，奠定了这一阶段的医疗领域市场化改革基调，即放宽政策、简政放权、多方集资。1988 年，卫生部发布“三定方案”，放弃对直属企事业单位的直接管理，开始推行间接管理。1989 年，国务院批准《关于扩大医疗卫生服务有关问题的意见》，进一步提出用市场化手段调动卫生事业单位的积极性。1992 年以来，随着社会主义市场经济体制的确立，医疗领域的市场化进程进一步加速。2000 年，以“宿迁模式”的诞生为标志，公立医疗机构产权改革全面推开。这一时期，我国医疗卫生服务水平在质量和数量上相较于改革开放前均有了巨大进步。

在这一阶段，医疗卫生体制也发生了重大变革。原有的国企承担医疗费用的医疗卫生体制逐渐被废除。与之相伴的是 1994 年“两江试点”改革后建立的城镇职工基本医疗保险制度。随着 2000 年公立医疗机构产权改革的开展，医疗卫生费用居民自付部分不断上升，因病致贫问题逐步尖锐。

总体来说，“两向探索”阶段，我国分别在两个时期都针对当时医疗领域存在的问题进行了方向迥异但有针对性的探索，取得了一定的成绩，并对下一阶段医改做了饶有成果的探索和铺垫，但同时也引发了一些新的问题。

（二）五路突围：新医改后我国医疗卫生体制改革的成就

21世纪初，市场化取向的医疗卫生体制改革带来了以看病难、看病贵、看病气为代表的诸多问题。2003年非典疫情之后，国务院发展研究中心对这一改革进行了系统而深入的调研，在2005年给出了“目前中国的医疗卫生体制改革基本上是不成功的”这一著名论断。

为解决相应问题，打破看病难、看病贵的魔咒，2009年，中共中央、国务院印发了《关于深化医疗卫生体制改革的意见》，其中明确提出本轮新医改的目标：“到2020年，覆盖城乡居民的基本医疗卫生制度基本建立。普遍建立比较完善的公共卫生服务体系和医疗服务体系，比较健全的医疗保障体系，比较规范的药品供应保障体系，比较科学的医疗卫生机构管理体制和运行机制，形成多元办医格局，人人享有基本医疗卫生服务，基本适应人民群众多层次的医疗卫生需求，人民群众健康水平进一步提高。”

在《关于深化医疗卫生体制改革的意见》的指导下，我国在全民医保制度、药品供应保障制度、分级诊疗制度、现代医院管理制度、综合监管制度五个领域进行了大刀阔斧的改革，使我国居民医疗卫生水平显著提升。在医改这场“战争”中，看病难、看病贵等医疗卫生体制性问题便是需要对付的“敌人”，这些“敌人”已经从医疗卫生服务、医疗药品供给等多个方向形成了一个完整的包围圈。在医改这场“战争”中，只有先突出重围，才能更好地回头清理剩余的问题，从而取得战争的彻底胜利，形成一个不断完善、不断进步的医疗卫生体系。因此，可以形象地将 2009 年到 2020 年医疗卫生领域的五大领域改革总结为“五路突围”。

全民医保制度改革，是突围主力军。主要矛盾在事物发展中起决定性作用，要善于分析并充分把握主要矛盾的变化和发展方向。就突围战而言，一般要在突围过程中为主力部队设置最主要的突围方向，主力部队突围的成败决定了整个战争的走势。在 2009 年前后的新医改中，党和政府科学决策，将全民医保制度的改革与完善设定为突围的主力军，投入了巨大的财政支持，并取得了重大成就。

医疗保障改革，目的是要通过改革的手段和途径建立起一套完整的可覆盖全民的医疗保险制度框架。事实上，医疗保障改革的探索先于新医改。2003 年，新型农村合作医疗（即新农合）开始试点，并在 2007 年实现了农村人口的全覆盖。再加上 1998 年建立的城镇职工医疗保险制度，以及最后启动实施的城镇居民医疗保险制度，以这三大制度为主体的医疗保障体系在 2011 年共覆盖了全国人口的 95%。2016 年 1 月，国务院印发《关于整合城乡居民基本医疗保险制度的意见》，将城市居民医保与新农合合并为城乡居民基本医疗保险，从而缩小城乡居民差距，缓解城乡之间收入分配不公的问题。在基本医疗保险制度构建和完善的同时，我国也先后建立了城乡医疗救助、疾病应急救助等制度。在此基础上，带有补充性质的商业健康保险、职工互助保险等也参与其中并发挥了重要作用。我国逐步形成了以基本医疗保险为主体、商业健康保险为补充、医疗救助为兜底的多层次医疗保障体系。

医疗保障制度改革是增量意义上的改革，不涉及以往的利益分配调整，改革的阻力相对而言是最小的。同时，医疗保障制度改革意味着居民看病费用的降低，也是民众获得感最高的改革。对于社会而言，医疗保障制度的建立与完善符合社会各界的统一认识，无论是医改的市场派还是政府派都将其视为应有之义。医疗保障制度改革由此成为新医改的先行者和主力军。

2010 年到 2019 年，全国公共财政支出对基本医疗保险基金的补助逐年上升，由 2010 年的 4804 亿元上升到 2019 年的 16665.34 亿元。

巨额的财政补助也带动了医保参保人数的上升。国家医保局公布的《2019 年全国医疗保障事业发展统计公报》显示，2019 年参加全国基本医疗保险的超过 13.5 亿人，参保率稳定在 95% 以上。职工医保、城乡居民住院费用报销水平提高到 60% 以上。

一系列的数字证明，在全民医保制度建设方面，我国已经取得了巨大成就。主力部队的突围行动已经取得初步成功。

药品供应保障制度，是突围次路军。在主力部队突围的同时，第二路部队的突围也在进行。药物供应保障制度的建立和完善成为保障主力部队突围的次路军。其中针对药品供应保障制度的改革可以概括为“四加四减”。

药品供应保障制度改革核心在于第一道加法，即建立基本药物目录，并逐渐扩大其覆盖面，进而阻断以药养医的渠道。其中，基本药物是指与基本医疗卫生需求相适应的药品。2009 年以来，我国已先后三次动态修订基本药物目录。2019 版医保目录收录西药品种 1322 个，中药品种 1321 个；同时，基本药物已纳入医疗保险药品甲类目录，满足临床治疗基本需要。对于实行“基药制度”而引发的医疗机构收入减少问题，则通过增加政府财政补贴，以及提高医疗服务价格两条途径进行弥补。清单制的药品目录可以有效缓解药品加成制度带来的一些负面问题。

第二道加法是完善药品供应的保障体系。这种保障主要分为两部分：第一部分是采购机制的完善，让医院、药企更多地参与采购中，从而让药物价格更好地反映市场的供需，让价格机制、市场机制更充分地发挥作用；第二部分则是针对市场机制容易照顾不到的罕见病用药部分，充分发挥政府作用，利用部门联动会商机制，健全短缺药品监测预警和分级应对体系，落实监测时效，建立短缺药品储备基地，重点做好罕见病用药等短缺药品保障工作。

第三道加法是促进药品合理使用。建立总药师制度，在二级及以上医院设立总药师，借助总药师全面提升医院药事管理能力和水平。

第四道加法是强化综合监管。主要包括实现药品采购、配送、使用、结算全流程的监管；建立药品耗材督查队伍，围绕药品采购使用，开展专项督查；对于不合理的药品使用采购，建立起清退制度。

在做好相关保障的同时，我国也在四个方面对药物供应保障制度做减法。

一是减价。通过建立多层级的药品价格谈判体系，将全省需求、全国需求等汇总起来，形成强大的买方市场，从而在谈判中降低药品价格，在保障生产企业合理利润水平的基础上，实现企业和患者的利益共赢。

二是减量。药品使用从来不是越多越好，改革通过处方点评等手段，减少医院对重点监控用药的使用力度。同时鼓励医院优先采购使用低价药品，减少高价药品使用份额，最大限度降低患者用药费用。

三是减利。通过服务价格调整、药品零差价出售等一系列措施，斩断医院与药品的利益链条，抑制由利益链条形成的灰色地带所引发的分配问题。让药品的利润不再被医院分割，从而减少患者的用药费用。

四是减环节。医药费用过高的原因之一在于药物流通中伴随着诸多环节，如销售、运输、交付等。对此，通过细化实施“两票制”，遴选招标配送企业承担配送职能等方式，有效减少医疗药品的流通环节。

通过“四加四减”，我国目前已基本完成药物供应保障制度的建设，预计后续将继续针对基本药物目录进行调整，使其更好地适应人口老龄化对药品需求结构的调整。

分级诊疗制度改革，是突围中路军。如果说突围的前两路主力军首要目的是解决人民群众最有切肤之痛的看病贵问题，那么突围的第三路军则将目标对准了一直以来困扰我国的看病难问题。

为了让三甲医院不再人满为患、一号难求，按照疾病的轻重缓急及治疗的难易程度进行分级，使不同级别的医疗机构就不同疾病的诊疗承担起相应的责任。

2015 年 9 月 8 日，国务院办公厅发布《关于推进分级诊疗制度建设的指导意见》，从总体要求、以强基层为重点完善分级诊疗服务体系、建立健全分级诊疗保障机制、组织实施等四方面指导各地推进分级诊疗制度建设，主要内容可总结为以下十六个字：

基层首诊、双向转诊、急慢分治、上下联动。

基层首诊体现了政策引导医疗资源供给和需求同时下沉的倾向。这一举措在坚持群众自愿原则的基础上，完善政策引导机制，鼓励常见病、多发病患者首先到基层医疗卫生机构就诊。双向转诊通过完善转诊程序，重点畅通慢性期、恢复期患者向下转诊，逐步实现不同级别和类别医疗机构之间的有序转诊。急慢分治是通过完善亚急性、慢性病服务体系，将度过急性期患者从三级医院转出，落实各级各类医疗机构急慢病诊疗服务功能。上下联动是在医疗机构之间建立分工协作机制，促进优质医疗资源纵向流动。

在分级诊疗制度建设指导意见的指引下，全国多地进行了卓有成效的探索。以杭州为例，其分级诊疗制度的建立主要包括以下几部分内容。

在转诊体系上，杭州市建立了城区由社区卫生服务中心和省市级医院组成的两级转诊体系，县域由乡镇卫生院（社区卫生服务中心）、县级医院、省市级医院构成的三级转诊体系。

在转诊基础上，杭州采取了家庭医生制度。2014 年，杭州率先实施了医养护一体化家庭医生签约服务，2018 年，全市签约服务人数已达 283.9 万。[①] 同时，杭州的签约服务制度包含了一系列的配套政策，比如实施医保倾斜政策，签约居民社区首诊和通过社区转诊上级医院可享受相应的医保优惠政策等。

在转诊制度的支撑上，通过互联网和大数据技术，杭州建立

① 滕建荣:《抓住医改“牛鼻子”推进分级诊疗制度建设》，新华网 2018 年 3 月 18 日。

起智慧医疗信息平台，并将其作为实施分级诊疗的有效工具和重要支撑。

在转诊医院能力的建设上，杭州从 2014 年起推动建立多种形式的医联体，实现省、市级医院对区县下沉全覆盖以及县级医疗资源下沉乡镇的全覆盖，市级医院还与主城区所有社区卫生服务中心组建城区医联体，提升了基层的医疗服务能力，助推了分级诊疗体系的建立。

尽管目前全国范围内的分级诊疗制度还没有完全落实，但已经帮助很多地区在一定程度上缓解了“看病难”的难题。“某种意义上说，分级诊疗制度实现之日，乃是我国医疗体制改革成功之时。”

现代医院管理制度改革，是突围后卫军。一直以来，公立医院综合改革是医疗体制改革的重点，也是难点。为此，现代医院管理制度改革堪称五路突围中最难的一路。

2017 年，国务院办公厅发布《关于建立现代医院管理制度的指导意见》，从完善医院管理制度、建立健全医院治理体系、加强医院党的建设、组织实施四个方面对建立现代医院管理制度提出指导意见。

在管理制度方面，2017 年，全国所有公立医院取消实行了 60 多年的药品加成政策。为了逐步完善补偿机制，公立医院纷纷按照“腾空间、调结构、保衔接”的路径，积极推进医疗服务价格改革，使诊疗费、护理费、手术费等收入占自身医疗收入比重持续提升。

在建立健全医院治理体系方面，各地纷纷探索公立医院管办分开的多种有效实现形式，形成了以政府成立的城投公司办医院的上海模式、以行政单位医管局凭借国有资产出资人身份办医院的北京模式、以市政府直属事业单位办医院的深圳模式和以市国资委直属事业单位办医院的成都模式。在此基础上，各地出资人通过多种手段，合理控制公立综合性医院的数量和规模，为民营医院的发展留下了空间。同时，各地纷纷落实公立医院经营管理自主权，人事薪酬制度改革不断深化，推行聘用合同制度，薪酬制度改革试点范围扩大到所有城市。

在加强医院党的建设方面，公立医院党的建设持续加强，提升公立医院基层党建工作水平，推进党的建设与业务工作深度融合。2018 年，中共中央办公厅印发《关于加强公立医院党的建设工作的意见》，进一步对医院党建要求进行细化。

总体来看，现代医院管理制度改革难度大、时间短，短期内突出成效不足，给予人民的体验感、获得感并不直接。但是，作为五路突围的重要一环，现代医院管理制度改革的落实是前面三路突围成果进一步深化的基础。如果不能尽快落实，改革速度可能会放缓，甚至出现成效倒退的情况。

综合监管制度改革，是突围保障军。2018 年 8 月，国务院印发《关于改革完善医疗卫生行业综合监管制度的指导意见》，对新时期医疗卫生行业综合监管工作作出部署，标志着医疗卫生体制五路突围中最后一路突围开始进行。这份文件将全面保障人民群众的健康权益作为综合监管制度的出发点，清晰地界定了医疗卫生行业中政府与服务机构的关系，为健康领域建立依法共建共治共享的治理机制打下基础；积极推进全行业、全过程、全要素、多主体的监管体系和监管制度的建立，实现了从传统的行政性管控到被动孤立监控再到主动综合协同监管的转变。

文件出台后不久，各地纷纷按照文件要求制定了实施方案，将对医疗卫生行业的监管任务进行细化。以湖北省鄂州市为例，该市发布的《关于改革完善医疗卫生行业综合监管制度实施方案》中，对医疗卫生行业综合监管职责分工进行了细致的规定，内容包括：卫生健康行政部门依法负责医疗机构和医疗服务全行业监管，加强医疗服务质量、安全和行为监管，建立完善医疗质量管理与控制体系、医疗安全与风险管理体系，负责职责范围内的公共卫生管理和执法监督，负责医疗卫生机构、医务人员、医疗技术、大型医用设备的行政审批和监管，牵头开展对医疗卫生机构的运行监管和绩效考核。发展改革部门会同人民银行负责完善社会信用体系。公安部门负责依法查处打击各类扰乱医院秩序、伤害医务人员等违法犯罪行为，打击非法行医犯罪活动，配合加强平安医院建设。民政部门负责医疗卫生行业民办非企业单位和医疗卫生行业组织登记管理工作。司法行政部门负责指导医疗纠纷人民调解工作，会同卫生健康行政部门加强医疗纠纷人民调解组织、队伍和专家库建设。财政部门会同有关部门开展财务和专项资金监管。人力资源社会保障部门负责医疗卫生行业有关从业人员资格认定的监管。审计部门依法对医疗卫生机构开展审计监督。税务部门负责医疗卫生行业税收管理。市场监管部门负责医疗卫生行业价格监督检查、反垄断与不正当竞争执法工作，负责药品、医疗器械的行政审批和监管，负责执业药师的管理。医疗保障部门负责组织制定和调整药品、医疗服务价格和收费标准，制定药品和医用耗材的招标采购政策并监督实施，会同银行保险监管部门按照职责监督管理纳入医保范围内医疗机构的相关服务行为和医疗费用。教育、生态环境、住房城乡建设、水利和湖泊等部门依职责承担相关公共卫生服务监管。其他相关部门按照职责做好医疗卫生行业综合监管工作。

细化的综合监管方案明确了监管的主体，避免了因监管责任不明可能导致的监管缺位、错位等问题，从而为其他改革措施的贯彻落实提供了重要保障。

（三）胜利会师：新冠肺炎疫情下我国医疗卫生体制所取得的成就

2020年年初，一场前所未见、突如其来的新冠肺炎疫情在湖北省武汉市暴发。这次疫情，是中华人民共和国成立以来我国发生的“传播速度最快、感染范围最广、防控难度最大的一次重大突发公共卫生事件”[①]，不仅是对我国医疗资源保障和供应的考验，更是对新医改以来我国医疗卫生体制改革成果的一次重大检阅。

疫情暴发后，党中央高度重视，迅速作出部署，全面加强对疫情防控的集中统一领导。2020年1月20日，习近平总书记就疫情防控工作作出重要指示，要求各级党委和政府及有关部门把人民群众生命安全和身体健康放在第一位，采取切实有效措施，坚决遏制疫情蔓延势头。1月25日，习近平总书记主持召开中央政治局常委会会议，对疫情防控工作进行再研究、再部署、再动员，决定成立中央应对疫情工作领导小组，派出中央指导组，要求国务院联防联控机制充分发挥协调作用。

疫情暴发初期，党中央审时度势、综合研判，及时提出坚定

①《习近平在统筹推进新冠肺炎疫情防控和经济社会发展工作部署会议上的讲话》，《人民日报》2020年2月24日。

信心、同舟共济、科学防治、精准施策的总要求，明确了坚决遏制疫情蔓延势头、坚决打赢疫情防控阻击战的总目标。同时，依法将新冠肺炎纳入乙类传染病、采取甲类措施严格管理。

在这场疫情当中，我国的医疗卫生体制在经历了最初短暂的慌乱后，展现出强大的战斗力。

第一，应收尽收，应检尽检，医保助力抗击新冠肺炎疫情。2020 年 1 月 23 日和 27 日，国家医疗保障局、财政部、国家卫生健康委办公厅陆续发布了《关于做好新型冠状病毒感染的肺炎疫情医疗保障的通知》（以下简称《通知》）和《关于做好新型冠状病毒感染的肺炎疫情医疗保障工作的补充通知》（以下简称《补充通知》）两份文件。

根据《通知》第二条，对于新冠肺炎确诊患者发生的医疗费用，在基本医保、大病保险、医疗救助等按规定支付后，个人负担部分由财政给予补助，实施综合保障。根据《补充通知》第二条，在按要求做好确诊患者医疗费用保障的基础上，疫情流行期间，对于卫生健康部门新冠肺炎诊疗方案确定的疑似患者医疗费用，在基本医保、大病保险、医疗救助等按规定支付后，个人负担部分由就医地制定财政补助政策并安排资金，实施综合保障，中央财政视情况给予适当补助。

两份文件的出台，为新型肺炎确诊患者和疑似患者彻底免除了个人负担，打消了他们的后顾之忧，从而为 2 月 6 日湖北指挥部确立的“应收尽收、应治尽治”的方针提供了强大的政策支持和制度保障。

第二，加快药物和检测试剂审批，确保一线物资供应。“用药如用兵，用医如用将。”[①] 药品、医疗器械的供应决定着医护人员的健康水平和工作成果，决定着抗击疫情的成败，也是对药品综合保障制度的严峻考验。

在疫情面前，国家药品监督管理局应急审批了瑞德西韦、法匹拉韦等5个新药用于新冠肺炎防治的临床试验。同时，国家药品监督管理局前期还应急批准了7家企业的核酸诊断试剂，2020年2月22日又应急批准了3家企业的诊断试剂产品。[②] 这3个产品包括2个胶体金法的抗体检测试剂，1个恒温扩增芯片法的核酸检测试剂，进一步满足一线快速检测需求。同时，中医药试剂也快速应用到抗击病毒的过程中，为战胜疫情发挥了重要作用。

国务院联防联控机制2020年2月25日的新闻发布会显示，截至2月24日，全国共有医用防护服医疗器械注册证134个，其中防疫期间应急审批93个；共有医用防护口罩注册证84个，其中应急审批了21个；共有医用外科口罩注册证225个，其中应急审批了67个；共有一次性医用口罩注册证396个，其中应急审批了65个。

广大央企在保障医疗物资、抗击疫情的过程中发挥了中流砥柱的作用，在口罩、防护服等重要医疗物资的生产和供应保障方面作出了重大贡献。作为国内最大的军需保障服务商，新兴际华集团得到生产医用防护服的指令后迅速转产，将生产任务倒排到

①《习近平在统筹推进新冠肺炎疫情防控和经济社会发展工作部署会议上的讲话》，《人民日报》2020年2月24日。

②《国家药监局：已应急批准10家企业生产核酸诊断试剂　日产能达170万人份》，环球网2020年2月25日。

日，“人歇机不歇”倒班作业，日产量创新高，2 月 20 日单日生产医用防护服超过 5 万套。国机集团发挥旗下无纺布生产企业优势，将可调整的生产线全部改为生产医用口罩和防护服材料，到 2 月 13 日已陆续开通 11 条平面口罩生产线，每天可生产 110 万只口罩。[①]

第三，落实分级诊疗，集中资源救治重症患者。在疫情集中暴发的湖北省武汉市，新冠肺炎的救治在短短一个月内初步实现了基层首诊、双向转诊、急慢分治和上下联动。而这正是分级诊疗的核心要求。经历了多轮摸底排查和探索，武汉市最终形成了一套比较完整的救治体系。在原有的 40 多家定点医疗机构的基础上，以中国建筑集团为代表的广大央企，用 10 多天时间为武汉市建好了火神山和雷神山两大传染病医院，对确诊和疑似病例中的危重症患者进行救治。2 月 3 日，武汉着手打造数十家方舱医院，对确诊和疑似病例中的轻症患者进行收治。同时，武汉也征集多家大学宿舍，对确诊病例的密切接触者进行隔离观察，确保患者得到及时有效的治疗。观察点、方舱医院、定点医疗机构的分级诊疗和密切配合，成为打赢防控阻击战的重要手段。

第四，抽调全国精干力量，打造抗疫长城。由于疫情发展迅猛，湖北省原有的医疗体系受到“挤兑”，医疗力量明显不足。在这一背景下，党中央科学决策，决定举全国之力予以支援，截至 2 月 23 日，共组织了 29 个省区市和新疆生产建设兵团、军队

---

①《驰援，武汉战“疫”中的央企力量》，新华社 2020 年 2 月 24 日。

等调派330多支医疗队、41600多名医护人员驰援[1]。经历了现代医院管理制度体系改革后的公立医院，在此次疫情中作出了重大贡献。自从新冠肺炎疫情扩散，全国各省市以大型公立医院为基础，确定了一批定点收治医院。同时，人民军队的医疗团队接管了火神山医院、雷神山医院，我国的顶级公立医院北京协和医院、复旦大学附属华山医院、中南大学湘雅医院、山东大学齐鲁医院、四川大学华西医院等派出多支医疗团队，齐聚武汉、共克时艰。

第五，综合监管，多部门联动，共同维护社会稳定。在新冠肺炎疫情面前，经历了综合监管制度改革后的政府部门也加紧同医疗卫生部门合作，共同维护社会稳定。1月22日，党中央果断要求湖北省对人员外流实施全面严格管控，各省区市也相继启动重大突发公共卫生事件一级响应，构建联防联控、群防群控的防控体系。全国及各地交通部门纷纷实施严格的交通管控措施，防止疫情蔓延。市场监管部门则维护医疗秩序、市场秩序等，严厉打击涉疫违法犯罪。财政部门及时下发文件，给予受到疫情冲击的行业、企业财政支持。新闻宣传部门则充分报道各地区、各部门联防联控的措施及成效，生动讲述防疫抗疫一线的感人事迹……

新冠肺炎疫情是一场非典疫情后针对我国医改的大型考试，在这场考试中，尽管初期湖北地方政府的应对措施存在一定的失误，但随着中央指导组的介入，党中央决策部署不断落实，疫情防控形势积极向好的态势不断拓展。“实践证明，党中央对

---

①《习近平在统筹推进新冠肺炎疫情防控和经济社会发展工作部署会议上的讲话》，《人民日报》2020年2月24日。

疫情形势的判断是准确的，各项工作部署是及时的，采取的举措是有力、有效的。防控工作取得的成效，再次彰显了中国共产党领导和中国特色社会主义制度的显著优势。”① 此时此刻，回顾这10多年来的医疗改革，我们有理由相信，在五路突围的过程中，我国居民医疗水平改善已然取得了显著的成绩。在全民医保覆盖率、药品供应保障制度改革方面已经取得了较为全面的成绩，在分级诊疗方面形成了多种有益的探索模式，在现代医院管理制度建设方面进行了一定的试点，在综合监管层面形成了较为完善的准则。在党的领导下，在全社会的支援下，五路突围后的医疗卫生体制成功阻止了新冠肺炎疫情的蔓延势头，最终打赢了这场防控阻击战。

在看到成绩的同时，我们也应注意到，在突围的过程中，由于贯彻落实配套方案存在缺陷、政策执行存在偏差等问题，我国看病难、看病贵的问题依然没有得到彻底解决——“敌人”的包围圈已经松动，但阵地还有待进一步的巩固和占领。

三、难与贵的循环：当前我国医疗领域存在的主要问题

当前，我国医疗卫生领域改革面临的问题纷繁复杂，问题之间相互关联交织，可谓牵一发而动全身。其中，虽然在2009年推动的新医改政策所涉及的五项基本任务——推进基本医疗保障

①《习近平在统筹推进新冠肺炎疫情防控和经济社会发展工作部署会议上的讲话》，《人民日报》2020年2月24日。

制度建设、建立国家基本药物制度、健全基层医疗卫生服务体系、促进基本公共卫生服务逐步均等化和推进公立医院改革已基本完成，但医改仍未能从根本上解决相关问题。

党的十九大报告提出，中国特色社会主义进入新时代，我国社会主要矛盾已经转化为人民日益增长的美好生活需要和不平衡不充分的发展之间的矛盾。在新形势下，人民群众对医疗卫生服务需求日益增长，不但要求能看得上病、看得起病、看得好病，还希望能少得病、不得病，更多通过健康的生活和习惯的养成来提升生活品质，同时对医疗卫生服务的质量和医药产品的创新要求越来越高，已经从改革初期的“逐步实现人人享有基本医疗卫生服务的目标”发展到“提供全方位、全周期的健康服务”。与人民群众需求不断升级相对应的是，我国医疗卫生领域仍然存在问题和矛盾，我国为解决看病难、看病贵问题投入了巨额的资金，给予了大量的政策支持并取得了显著的成就，但是难与贵的问题依然没能彻底解决。

接下来，我们将详细介绍我国当前医疗领域看病难、看病贵问题的表现，研究两大难题循环交错的根源，更加深入细致地分析当前我国医疗领域存在问题的原因。

（一）当前我国看病难、看病贵问题的具体表现

曾经，人们提到看病难，指的大多是医院一号难求；而看病贵，则一方面指高昂的药品、检查、住院等费用，另一方面指较高的自付比例。当前，随着全民医保体系的建立、药品加成的取消等改革的不断推进，我国医改进入深水区，原先较为单纯的看病难、看病贵问题也呈现出日益复杂的表现。具体可以总结为两

个浅层次表现和三个深层次表现。其中，浅层表现是曾经看病难、看病贵残留问题的延续，深层表现为看病难、看病贵的衍生问题。

第一重浅层表现为三甲医院仍一号难求。受益于互联网等技术的发展，看病难问题不再表现为挂号处的人山人海。网络挂号、手机挂号、微信预约、挂号机自助挂号等多种方式使得挂号方式有了很大优化。实名制的推出也使黄牛号现象基本消失。但是，由于分级诊疗推进不畅，人们在生病时仍会第一时间选择三甲医院。当人们打开手机，经常发现优质的专家号源在一分钟甚至十几秒内被抢一空。2017 年年底，作为取消以药养医的补偿，北京市一度将所有三甲医院的挂号费用调整为之前的 5 倍，可这一举措依然难以浇灭人们对优质医疗资源的热情。

第二重浅层表现为医保基金承压严重。随着医保体系的广泛覆盖，原有的看病贵问题也正由个人看病贵向医保看病贵转化，医保基金的压力问题日益突出。以居民医保为例，尽管相关数据显示，我国近年来居民医保收入始终大于支出（见表 6），但大

表 6　2011—2018 年居民基本医疗保险基金收入与支出情况[①]

年份	居民基本医疗保险基金收入	收入增速	居民基本医疗保险基金支出	支出增速
2011	2614.29 元		2064.07 元	
2012	3262.00 元	24.78%	2994.00 元	45.05%
2013	3926.74 元	20.38%	3688.38 元	23.19%
2014	4477.35 元	14.02%	4242.98 元	15.04%
2015	5404.72 元	20.71%	4784.85 元	12.77%
2016	6094.60 元	12.76%	5472.03 元	14.36%
2017	6838.33 元	12.20%	6121.16 元	11.86%
2018	7967.64 元	16.51%	7269.45 元	18.76%

① 数据来源：Wind 数据库。

多数年份，支出增速均高于收入增速，实际情况不容乐观。

除了两大浅层次表现外，看病难、看病贵还衍生出三大深层次问题。

第一重深层表现为医患冲突问题。近年来，医患冲突呈现出愈演愈烈的趋势，这是典型的由看病难、看病贵问题衍生出来的问题。对于患者而言，由于其在挂号过程中耗费了大量的精力，在治疗过程中花费了大量的金钱和医保额度，他们往往要求得到医生更多的关注和更全面的治疗。而对于医生而言，由于其每天需要面对众多患者，承受较大的工作压力，再加上不同类型医生收入的相对差距，他们很难随时随地保持对患者的耐心。因而，医患冲突是看病难、看病贵问题发展到现在的深层次表现，解决之道只能借助于医疗卫生体制改革。

第二重深层表现为过度医疗问题。过度医疗一般分为两大部分。一部分是患者自行要求的过度医疗，一部分是医生出于各种原因提供的过度医疗。对于患者而言，自行要求的过度医疗包括两个方面。一方面，由于医保个人账户的存在，很多没有生病的人往往在年底突击花掉一部分医保额度去购买保健品或中成药，从而造成医疗资源的浪费和医保资金的紧张；另一方面，由于医保对住院报销的苛刻规定，一些本来住几天便可以出院的人为了获得医保报销，往往选择住更多的天数以达到医保规定的最低天数，从而使自己用更实惠的自付价格获得更多的额外服务。对于医生而言，提供过度医疗包括两大原因：一是药物加成取消以后，检查费用成为医院创收的重要手段，当前医保根据项目付费，意味着开更多的检查便能帮医院获得更多的收入，医生在业绩考核的压力下会开更多的检查；二是由于医患冲突的加剧，很多医生为了自保，往往为患者提供更多的防御性检查项目。如果发生医疗事故，这些防御性检查可以证明医生操作的合规，从而在司法体系下保护医生的权益。

第三重深层表现为医疗卫生资源的更新后劲不足。这种不足一来表现为从事医疗行业人数的不足。有数据显示，2012 年，我国医学毕业生有 60 万人，其中进入医疗行业的只有 10 万人。同时，由于一部分药品的采购价格过低，这种不足也表现为药品断供或药品质量下降等问题。这两种情况都有例可循，药品断供的实例是部分抗癌药纳入医保后，由于价格被压低，厂家不愿再生产；而 2018 年震动全国的长生生物狂犬病疫苗事件，也被挖出相关部门制定的疫苗价格多年未变，每支疫苗的采购价格已经无法覆盖生产成本等方面的问题。

（二）难与贵循环的根源：医疗不可能三角

在探究我国看病难、看病贵问题的原因时，首先需要理解医疗领域存在的不可能三角，即一个国家往往无法同时拥有广泛覆盖的医疗卫生体系、低水平的社会资源占用以及先进的医疗产业水平。

如果一个国家拥有广泛覆盖的医疗卫生体系，而且个人和国家支出都比较低，那么这个国家的医疗行业收入增速必将长期落后于经济增速，医药企业、临床医学能够吸引到的人才就会相应减少，先进的医疗产业水平便无法获得。人们最终会发现，市场的力量将使他们渐渐找不到医生和药品的生产商，最终陷入看病难的困局。

如果一个国家过分强调广泛覆盖的医疗卫生体系和先进的

医疗产业水平，就将陷入第二次世界大战后西欧福利国家面临的困局——医疗卫生支出将占用并消耗社会的大量资源。这些资源要么由个人缴纳高额的医药费来买单，要么由政府通过高额的税收和社会保障资金来买单。人们将发现，要么看病的价格越来越高，要么需要缴纳的医保费用越来越高，最终落入看病贵的泥潭。

如果一个国家希望在占用较少社会资源的同时拥有先进的医疗产业水平，医疗的人才、资金等有限的资源将向技术更先进、利润率更高的科室（如牙科）进行集中，并推动这些领域的治疗费用继续上升，从而吸引更多的资源。同时，私立医院由于选择业务的灵活性，可以更多地将服务集中在高利润科室，从而获得社会上绝大部分的医疗收入，全科的公立医院服务水平也将日益下降。人们最终会发现，由于公立医院规模日益萎缩，私立医院看病不仅更贵，而且可能更难。

当然，在现实中，很多发展中国家不仅没有先进的医疗产业，而且因政府执行能力的欠缺无法建立广泛覆盖的医疗卫生体系，甚至可能由于腐败等一系列问题无法做到低水平占用社会资源，连其中的“两个角”都无法选择。这时，看病难和看病贵问题均无可避免。

（三）不可能三角与我国医疗卫生领域存在的问题

分析我国当前医疗卫生领域问题产生的原因时，必须首先认清我国不同历史时期对医疗不可能三角的选择以及定位。

从中华人民共和国成立到改革开放时期，我国选择了广泛覆盖的医疗卫生体系 + 占用少量的社会资源的组合。在这一历史时期，我国建立了一套与计划经济体制相匹配的，由公费医疗、劳保医疗、合作医疗组成的福利性医疗保障制度。这套制度包含城市公立医院和农村卫生站，形成了比较完善的医疗卫生服务网络。在医疗费用方面，由于人的生老病死都与其所在的单位有关联，广大人民群众看病的医疗费用，也大多由公有制的国有企业买单。但与此同时，当时的医疗卫生发展速度极慢，广大人民群众无法获得优质的医疗服务，面临的主要问题是看病无门的看病难问题。

从改革开放到 2009 年新医改的市场化改革阶段，我国选择的是占用少量的社会资源 + 先进的医疗产业水平的组合。

1979 年开始，政府逐渐放弃对医疗卫生体制的包办，减少了出资任务，节省了大量的财政资金，客观上给医疗卫生体制做了一定的松绑。受国有企业“靓女先嫁”的影响，以江苏宿迁为代表，全国多地公立医院被出售给私人企业，医院利润的增长使得许多现代化的医疗器械和手段引入国内，迅速带动了我国医疗卫生产业的发展。

然而，这种发展本身带来的，便是我们之前指出的看病难、看病贵问题的集合。人们发现，不仅优质医疗资源一号难求，他们也承担着极高的医疗自付压力。

2009 年的新医改，吸取了前两个阶段的教训，选择了广泛覆盖的医疗卫生体系 + 先进的医疗产业水平组合，代价是政府需进行大量的财政投入。从 2010 年到 2016 年，全国公共财政支出对基本医疗保险基金的补助逐年上升（见图 3），导致了政府卫生支出占财政支出的比重也在波动上升（见图 4）。

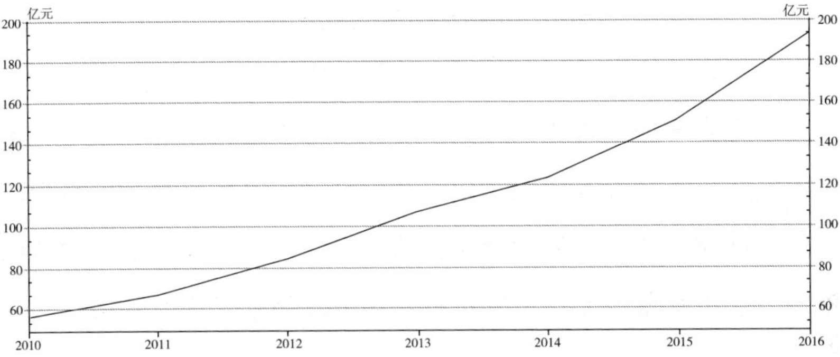

图 3　全国公共财政支出对基本医疗保险基金的补助（2010—2016）①

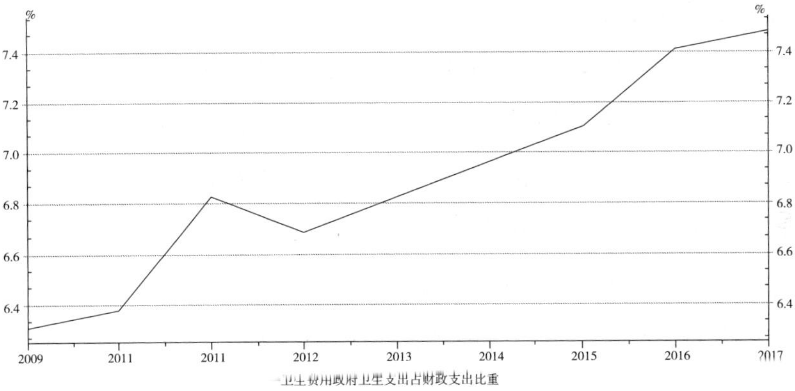

图 4　政府卫生支出占财政支出的比重（2009—2017）②

随着我国经济发展进入新常态，全国一般公共预算收入增速放缓，加上医保基金未来缺口的扩大，未来财政势必要将更多资金投入到医疗领域，进一步加大财政资金的压力。

根据以上理论和数据，我们不难总结出，当前我国“看病难”“看病贵”问题几乎所有表现的根源在于，在不可能三角中

① 数据来源：Wind 数据库。

② 数据来源：Wind 数据库。

选择了广泛覆盖的医疗卫生体系 + 先进的医疗产业水平组合后，受制于财政水平，需要对所投入的资源进行压缩。

因为需要压缩投入的资源，所以不可能在全国意义上实现不同地区医疗人员收入的均等化，技术超群的医生会自动从待遇较差的地区流向待遇较好的地区，药品也会从出价较低的农村流向更容易卖出高价的城市。发达省份一方面集中了优质的医疗人才和医疗资源，另一方面也集中了大量不富裕地区的患者，再加上定价机制的非市场化，最终导致农村好医生难找，大城市三甲医院一号难求的现象。

因为需要压缩投入的资源，医保基金的收支压力被放大。居民不愿意承担更高的社保费率，企业不愿付出更多的生产成本，政府不得不用财政资金满足医保基金当前的需求。由于我国历史欠账较多，社保基金积累不足，甚至需要划拨国有企业资产去充实包括养老和医保基金在内的社保基金。

因为需要压缩投入的资源，医生不满足于自己的收入，积极性很难通过经济手段去维持，对患者的服务质量必然受到影响。患者不愿接受自己得到的服务质量下降，医生反过来进一步质疑患者需求的合理程度。双方陷入猜疑链，最终呈现出互相不信任的局面，医患冲突就此形成。如果回溯医患冲突的历史，可以看出，新医改以前，由于医疗不可能三角取舍不同的缘故，医患冲突从来没有如此密集而强烈地表现出来。

因为需要压缩投入的资源，患者往往更加计较自身的投入水平与获得感，从而在过度医疗中因为买到了药、少花了钱而感到幸福。医生也更加计较资源的获得，用开出更多检查的方式来获得收入和安全感。

因为需要压缩投入的资源，医学专业毕业生将因为待遇问题更多地选择从事其他行业。医药企业会对部分药品进行断供或降低药品质量来表达无声的抗议，进而又带来医疗卫生资源更新后劲不足的问题。

总体来说，当我国选择了广泛覆盖的医疗卫生体系 + 先进的医疗产业水平组合后，人们对医疗资源尤其是优质医疗资源需求的无限性与当前全社会（包括政府）所能调动资源的有限性之间形成了矛盾，矛盾的焦点集中到如何生产和分配现有的医疗卫生资源上，而上述问题的复杂性，正是导致当前我国医疗卫生体系存在各类问题的根源。

除此以外，还有一些次要原因也在影响着看病难、看病贵问题的表现。

第一，医药市场不能有效地提供医疗服务这类公共物品。医疗服务一般会建立在药品等物品的商品性基础之上，具有一定的私人产品特性，因而从这个角度来看，医疗服务从严格意义上来说属于准公共物品。又由于医疗服务中药品的商品特征决定了完全由市场主体提供药品必然不可避免地会出现药品生产者追求利润最大化的现象，也即以最小的成本投入以期获得最大的利益。当前，医疗机构由公益性事业向市场化管理转变，医院面临养活自己、留住人才、购买设备等任务，这都需要投入大量的资金，其发展成本必然转嫁到患者的身上。如果不对这一过程加以控制，医疗机构自然而然就会形成以药补医、小病大治，出现用药费补助医生收入，甚至使病人逐渐成为医生创收工具等常见现象。这些问题的积累增加了患者的看病成本，患者看不起病，广大人民群众的基本医疗服务需求难以得到有效满足。

第二，医疗服务供给过程中信息的不对称性和外部性会导致出现“搭便车”的现象，从而产生过度抬高药价的问题。在医疗服务过程中，医生和患者掌握的信息是不对称的。对于患者而言，市场上的药品及各种医疗器具种类繁多，产品质量参差不齐，产品价格高低不同，他们很难有时间去了解和比较相关的质量信息并作出最优的选择，只能根据自身经验或者医嘱进行购买。因此，在药品供给中，药效一般的药品厂商往往利用信息不对称的优势搭乘良好药效药品的“便车”，以赚取高额利润。这种“搭便车”现象严重挫伤了高效药品供应者的积极性，从而出现劣币驱逐良币的趋势。对于这一过程，如果缺乏有效的药品监管，“搭便车”行为得不到有效控制，无形中就会助长劣质药品生产、销售和使用的扩散和蔓延，就既不能有效治愈患者的疾病，又大大加重了患者的看病成本，增加了不必要的经济负担。

第三，人口结构调整及疾病谱系变化进一步加剧了看病难、看病贵问题。随着我国老龄化社会的不断发展，人口结构调整已经呈现出不可逆的趋势。老年人口的增加意味着医保缴纳人数的进一步下降。同时，由于老年人的增多以及人均寿命的延长，各类慢性病逐步在疾病谱系中成为主流。慢性病固有的特点决定了慢性病药品的服用是一个长期的过程，会在很长时间内给医保基金形成持续的支出压力。收入的减少和支出的长期化增长，使得医保基金面临的压力更加巨大。

第四，相关管理制度落后。除了之前所描述的现代医院管理制度尚在改革的过程中，医保基金的管理制度、分级诊疗的制度推进管理等也存在诸多落后的地方。比如按项目支付的方式加强了医院提供过度医疗服务的意愿、统筹级别过低使得各地年底突击花钱的行为普遍、分级诊疗推进过程中的激励缺失使得大部分地区还没能实现真正意义上的分级诊疗。这些更多是技术层面的问题，是制度设计不当导致的激励不相容问题。

通过上述介绍与分析，我们不难看出，当前我国依然存在着看病难、看病贵的问题，且随着经济社会的发展，这些问题往往以更加间接的方式表现出来，牵涉的范围越来越广泛。这些问题存在的根源一方面在于医疗卫生领域本身固有的矛盾，另一方面在于我国试图解决这一固有矛盾时所产生的副作用。如何解决这些矛盾，是研究医改时永恒的主题。同时，一些技术层面的问题也加剧了看病难、看病贵问题的表现。

四、一苇渡过深水区：进一步改善我国居民医疗条件的思路和政策取向

在前面的成就介绍和问题分析中，我们不难发现，医疗卫生体系的五大改革已经将较易解决的问题基本解决完毕，剩余的部分主要表现为三甲医院一号难求、医保体系收支压力、医患冲突、过度医疗、医疗卫生资源更新后劲不足等问题，集中在医保体系的可持续性、医院的管理制度、综合监管责任划分等涉及既得利益的方面。就像习近平总书记2016年强调的那样，当前医疗卫生体制改革已进入深水区。

浅滩尚可摸着石头过河，在不断地摸索中寻找到合适的改革之路。深水区的改革却必须找到自己的改革思路，以思路为着力点，利用着力点帮助自己解决问题。古代有达摩一苇渡江的传说，渡过深水区的着力点不必复杂，一根苇草足以实现。因而，摸清

医疗卫生事业发展问题的关键和本质就能抓住趟过医改深水区的苇草，而医疗卫生体系的深水区改革恰好也有这么一根苇草。

（一）深水区之苇：坚持基本医疗卫生事业的公益性方向

习近平总书记在2016年全国卫生与健康大会上强调："要坚持基本医疗卫生事业的公益性，不断完善制度、扩展服务、提高质量，让广大人民群众享有公平可及、系统连续的预防、治疗、康复、健康促进等健康服务。"[①]"无论社会发展到什么程度，我们都要毫不动摇把公益性写在医疗卫生事业的旗帜上，不能走全盘市场化、商业化的路子。"[②]

坚持基本医疗卫生事业的公益性，便是进一步改善我国居民医疗条件的思路，是我们赖以渡过深水区的苇草。

基本医疗卫生事业的公益性就是指基本医疗卫生事业不以逐利为目标，在保持良好效益的基础上，为人们提供经济可及、便利、公平的医疗卫生服务。除此之外，基本医疗卫生事业的承担者还需提供相应的公共卫生服务。效益指的是经济效益和社会效益的统一，它指的是基本医疗卫生事业要在保持其经济效益的基础上去追求社会效益，利用有限的资源实现社会效益的最大化。简言之，基本医疗卫生事业要更注重社会效益而非经济效益。在此基础上，强调医疗卫生事业的社会效益就是要注重以人为本，坚持医疗卫生事业的发展以人民为中心的导向。

---

①《习近平谈治国理政》第2卷，外文出版社2017年版，第371页。

②《习近平关于社会主义社会建设论述摘编》，中央文献出版社2017年版，第102页。

在之前的分析中，我们明确，政府在不可能三角中选择了广泛覆盖的医疗卫生体系＋先进的医疗产业水平的组合后，依然试图降低资源投入是导致当前医疗问题的根源。但我们也要意识到，这种压缩资源投入的措施本质上是一种无奈之举。因为任何国家和社会都无法承担起持续的高强度投入。既然如此，区分基本医疗卫生服务需求和改善型医疗卫生服务需求，将社会资源重点投入基本医疗卫生服务的需求上，提高已经投入资源的利用效率，便成了我们选择广泛覆盖的医疗卫生体系＋先进的医疗产业水平的组合后，降低负面作用的最好方式。而提高已经投入资源的利用效率的最佳方法，便是强化基本医疗卫生事业的公益性。具体而言，坚持基本医疗卫生事业的公益性发展方向有以下好处。

第一，强化基本医疗卫生事业的公益性有助于经济社会的发展。坚持医疗卫生事业的公益性是马克思主义的一贯主张，是社会主义发展的成果，是中国共产党的政治本色。《哥达纲领批判》提出，在社会主义条件下，应该优先对公益事业进行必要的扣除，然后再进行产品的其他分配。毛泽东同志指出，药品医疗不能以赚钱不赚钱来看，一个壮劳力病了，给他治好病不要钱，看上去赔钱，可是他因此能进行农业和工业生产，你看是赚还是赔？邓小平、江泽民、胡锦涛同志也都曾要求卫生部门以社会效益为最高准则。习近平同志在地方工作时就提出："发挥政府在制定卫生政策、提供公共服务、消除健康差异中的主导作用。"[①] 党的十八大以来，习近平总书记多次强调，要坚持公立医院公益性的基本

① 习近平：《干在实处　走在前列——推进浙江新发展的思考与实践》，中共中央党校出版社 2006 年版，第 346—347 页。

定位，将公平可及、群众受益作为医疗卫生体制改革的出发点。

第二，强化基本医疗卫生事业的公益性有助于医疗效率的提高。如果将全社会投入医疗的资源视为一块蛋糕，那么蛋糕的生产者是居民、企业和政府，蛋糕的分割者有医院、医生、医药和医疗设备生产者。通过强化公益性，医院、医生、医药和医疗设备提供者都将得到基本的经济收益以维持自身的研发与生产，从而避免资源过度被市场部门侵占，进而提高资源的利用效率。从医改面临的环节和流程特征来看，医疗资源供应不足及其引发的看病难、看病贵等问题的根本原因，就是没能有效分清问题所处的上游或下游环境。例如，分级诊疗、药价改革等问题事实上是医改的下游问题，往往伴随医改过程表现出来，但继续向上溯源，恢复公立医院的公益性定位，则是医改的上游问题。可以说只有解决了上游问题，下游问题才能解决，而这一重要的上游问题，就在于强调和突出基本医疗卫生事业的公益性这一核心特征。

第三，强化基本医疗卫生事业的公益性有助于医患关系的和谐。20 世纪 90 年代以来，公立医院的改革出现了过度追求利润的倾向。在政府财政补助不足、医疗服务价格偏低的背景下，公立医院为了维持生存和发展，在追逐利润最大化的道路上越走越远，创收压力通过层层传导传递给了科室和医生，导致很多医生不得不违心开方才能完成经济指标，同时导致很多患者心怀不满，医生与患者之间的信任不足。只有让基本医疗卫生事业回归公益性轨道，让医生回归纯粹的看病角色，用合理的医疗制度支撑起医者的良知，让患者和医生的交流更加真诚，互动更加友善，信任不断增加，才会最终有利于和谐医患关系的构建。

强化基本医疗公共服务需要多举并行，有以下四个方面值得强化。

一是加强党的领导，发挥党员先锋模范作用。我国是人民当家作主的社会主义国家，中国共产党是全心全意为人民服务的政党，这就决定了我们必须坚持基本医疗卫生事业的公益性。坚持党的领导，发挥党员的先锋模范作用，将给加强基本医疗卫生事业的公益性指明方向。

二是合理划分基本医疗公共服务与改善型医疗服务。当前的基本医疗公共服务责任清单包含居民健康档案、健康教育、预防接种、传染病及突发公共卫生事件报告和处理、儿童健康管理、孕产妇健康管理、老年人健康管理、慢性病患者管理、农村部分计划生育家庭奖励扶助、计划生育家庭特别扶助、食品药品安全保障等20项。要建立动态调整机制，根据社会的需要合理调整基本医疗公共服务的边界，从而使公益性改革的对象更加明确，改革方法更加统一。

三是理顺政府和市场之间的关系。要用好政府和市场两种手段，让基本医疗公共服务和改善型医疗服务在两种手段的调控下协调发展。我国是人民民主专政的社会主义国家，政府是维护人民共同利益、组织提供公共服务、实现医疗卫生公益性的主导力量。在基本医疗卫生服务领域，要坚持政府主导，落实领导、保障、管理和监督责任，发挥政府在医疗卫生制度设计、资金筹集、资源布局、服务生产和分配、医药产业政策、行业监管等方面的主导作用，避免市场的盲目性。[①] 通过政府主导，来保障基

① 李玲、江宇:《必须坚持基本医疗卫生事业的公益性》,《求是》2017年第7期。

本医疗公共服务领域的公益性。

四是广泛调动社会资源，充分利用社会力量支持医疗卫生事业公益性发展，弥补医疗领域政府和个人投入的不足。医疗卫生体制本身的局限性决定了我们在追求广泛覆盖的社会保障体系和先进的医疗产业水平的同时，必须不断地投入社会资源。而无论是政府投入还是个人缴费，长期来看几乎都不可持续。因此，要广泛而充分地调动社会慈善资源，发挥公益性慈善组织的作用，这在一定程度上可以弥补医疗领域政府投入和个人缴费的不足。在 2020 年暴发的新冠肺炎疫情中，社会捐赠为打赢疫情防控阻击战提供了相当强大的助力，为我们强化基本医疗公共服务的公益性提供了新的方法。

总体来说，强化基本医疗公共服务的公益性，是我们解决看病难、看病贵问题的核心原则。

（二）一个好汉三个帮：三大政策助力改善我国居民医疗条件

除了坚持医疗卫生事业的公益性改革思路外，针对各种具体问题，医疗领域一直以来有很多的理论探索与实证研究，并逐渐形成了三大政策取向，共同为医疗卫生体制的“深水区”改革保驾护航。

第一大政策取向是继续推进分级诊疗制度，理顺患者和医院各自的激励关系，解决看病难问题。

一直以来，通过分级诊疗解决看病难的思路都是正确的选择，但分级诊疗制度在推进过程中遭遇多种问题，深入推进困难重重。

国家卫生健康委员会主任马晓伟2019年3月在“两会”上表示，要做到分级诊疗也很不容易，这是一项艰巨而复杂的工作，一要靠发展，二要靠改革。主要应做好四个方面的工作：一是深化改革，创新体制机制，构建整合型医疗服务体系。二是加快发展，提高基层医疗服务的水平，做到“县要强、乡要活、村要稳、上下连、信息通”。三是发展“互联网+医疗健康”，推进远程医疗工作，为人民群众提供更加便利的医疗服务。四是发挥基层医疗机构网底的作用，做实做细家庭医生签约服务。①

其实归纳起来，就是要做到三件事：患者愿意选（基层医院），三甲医院愿意把患者让给基层医院，基层医院（或家庭医生）接得住。

自2015年国务院发布《关于推进分级诊疗制度建设的指导意见》以来，分级诊疗在很多地区都进行了试点推动，尽管有很多成功案例，但一直很难在全国范围内实现遍地开花的局面，归根结底在于配套激励机制的缺位。

首先，对于患者来说，由于对专家的信任度高，前往基层医院多数时候不能为其提供所需的安全感，且无实际激励措施，他们往往不愿浪费时间前往基层医院。其次，对于三甲医院来说，每年的收入与其提供的医疗服务规模和数量成比例，它们往往不愿意把一些小病患者让渡给基层医院，即便有政府的强制性命令，也往往采取医联体等垄断性质的组织形式，把轻症患者输送到和自己有合作关系的基层医院。最后，基层医院目前不具备普

---

① 马晓伟:《做到“四个分开”，实现分级诊疗》，中国新闻网2019年3月8日。

遍的承接能力。患者不信任、三甲不愿让、好医生不愿意留，最终形成恶性循环。

单纯依靠行政命令是不可能继续广泛而全面地推进分级诊疗的。这就需要我们理顺患者和医院各自的激励关系，通过制度手段加强患者和医院对分级诊疗的认同与选择，主要可以通过以下四个方式实现。

一是加强对患者的激励。对于一开始选择基层医院并进行转诊的患者，要从医保报销、优先挂号等方面给予更高的优惠，引导患者在非急症情况下选择基层医院就医，小病直接在基层医院治疗，大病在基层医院认定后通过基层医院帮助预约挂号的方式进行转诊。如果后续需要输液、复检等服务，也可以在三甲医院开出处方后，通过基层医院来获取。总之，要让患者相信基层医院，愿意前往基层医院就诊。

二是加强对三甲医院的激励。对于那些首诊后愿意把后续恢复治疗让渡给基层医院的三甲医院，政府出面提供一定的奖励与支持。对于那些主动和基层医院合作，帮助基层医院提高初诊判断能力的三甲医院，要给予更实际的优惠政策，让三甲医院愿意和基层医院合作。同时，为了防止定向利益输送，要鼓励和要求三甲医院和市内全部基层医院在患者分流上合作，而非只和一两个定点医院合作。

三是强化基层医院的能力。通过加强培训、提高待遇等方式，让基层医院既有能力，也有意愿来承担患者的初诊任务。

四是针对罕见病种和专业病种，要从全国层面考虑培育相应的专业化社会组织，建立起专业的队伍。通过这些社会组织提供信息、资助等方式，鼓励罕见病患者集中选择那些有资质、有能力的医院就诊；同时要强化不同地区、不同医院科室之间的合作，将专家力量集中起来，共同帮助罕见病患者战胜病魔。

第二大政策取向是推进医保支付方式改革，消除过度医疗土壤，增强医保基金的可持续性发展。

2019 年 5 月 20 日，国家医保局召开疾病诊断相关分组（DRGs）付费国家试点工作视频会议，公布 DRGs 付费国家试点的 30 个城市名单。此次试点工作将在国家统一指导下，逐步建立以保证质量、控制成本、规范诊疗、提高医务人员积极性为核心的 DRGs 付费和绩效管理体系，发挥医保支付的激励约束作用，实现“五个一”目标，即制定一组标准、完善一系列政策、建立一套规程、培育一支队伍、打造一批样板。同时要把试点城市打造成 DRGs 付费的样板，形成可借鉴、可复制、可推广的经验，为下一步以点带面全面推开 DRGs 付费打好基础。这标志着我国推进医保支付方式改革，解决看病贵问题等新一轮改革的启动。

DRGs 是一种国际上流行的将住院病人分类和分组的方法。该方法基于病人的病历，参照相关医疗要素（主要诊断、合并症或并发症、手术处置等），按照国际疾病分类体系（ICD）的诊断码和操作码，使用聚类方法将临床特征和医疗资源消耗情况相似的出院者分为同一组，并编制各诊断相关组的编码、确定各组的费用偿还标准。简言之，DRGs 付费就是把住院病人根据治疗难度进行分组，每一组制定一个报销金额，这个金额是对所有治疗项目的补偿。

以前医保支付方式是医保基金按照项目付费，检查项目越多，医院可以获得的钱越多。医院、医生有动力开出更多的检查项目。现在，当病人根据治疗难度分组以后，报销的额度也就相应确定。医院在收入确定的情况下，必须通过减少不必要的检查项目来节约成本，从而使医院过度医疗的动机被彻底消除。

当然，当前的 DRGs 方式也存在着一定的隐患。首先，DRGs 支付推行成功的必要条件是具备准确的临床和成本数据。目前国内不同地区收入水平相差较大，收集到的临床和成本数据差异也会很大，若实行一城一策将导致大规模的人口流动，不利于传染病防治。若各地实行普遍标准，患者向大城市集中的趋势将得到加强。其次，DRGs 支付没有考虑到患者的医疗效果，缺乏对患者的回访，可能让医院减少一些原本必要的成本支出。最后，DRGs 付费方式对住院补助更高，可能导致一部分小病患者前往住院。

因此，对于国际通用的 DRGs 模式，我们应当有针对性地进行微调与完善。一是要有针对性地在地区内推进基本医疗公共服务的互认互通，如长三角、京津冀地区。通过互认互通，统计相关地区的平均临床成本数据，并根据这一数据来进行成本认定，避免区域内紧急情况下的大规模人口流动。二是根据治疗难度分组以后，将原定的报销金额设定为最高报销金额，将患者治疗效果根据生理指标的变化划分为 A、B、C、D 四等，对于效果最好的 A 等给予最高报销金额，效果次一些的 B 等给予较低的报销金额，依此类推，从而激励医院为患者提供更好的服务。三是要制定更加完善的非住院报销方案，缩小住院和非住院之间的报销差距，避免新的过度医疗。

第三大政策取向是着力完善医院绩效工资改革，修复受损的医患关系，保障医疗人才供应。

无论是分级诊疗的继续推进还是医保支付方式的调整，都离不开更多专业性人才的加入。为此，医院绩效工资改革势在必行，而改革就是要让医患关系更和谐，让广大医生不再受委屈，从而保障医疗行业的人才供应，逐步修复紧张的医患关系。

2017 年，人力资源社会保障部、财政部、国家卫生计生委、国家中医药管理局四部门联合下发的《关于开展公立医院薪酬制度改革试点工作的指导意见》指出，医疗行业人才培养周期长、职业风险高、技术难度大、责任担当重，建立符合医疗行业特点、体现以知识价值为导向的公立医院薪酬制度，是深化医药卫生体制改革和事业单位收入分配制度改革的重要内容，对确立公立医院激励导向和增强公立医院公益性，调动医务人员的积极性、主动性、创造性，推动公立医院事业的发展，都具有重要意义。

同时也应看到，绩效工资改革应当有助于解决医生与患者之间的激励不相容问题。绩效评价不应再简单地用出诊天数等作为绩效评价标准，而应当更多地将患者的治疗评价纳入到绩效工资考核范围之中，让患者认同度高的医生获得更多的绩效收入。这种设计将给治疗效果存在问题的患者一个更温和的反馈渠道，避免伤医、杀医等恶性事件发生，使医患关系更加和谐。

在具体的改革措施上，医院绩效工资改革应当分为两部分，一方面是基层医院绩效工资改革，另一方面是三甲医院绩效工资改革。

基层医院绩效工资改革应当以强调公平性为主，在取消各类医疗药物、耗材等加成的基础上，重点提高基层医院医生的基础性工资，让各地基层医院医生的待遇水平维持在一定区间，避免高收入地区对低收入地区基层医院优秀医生的虹吸效应。同时，对于那些首诊判断准确的医生，各地应酌情参考，给予一定程度的资金奖励，鼓励基层医生提高自身的诊断能力。

三甲医院绩效工资改革应当以提高效率为主。一方面，要强化绩效工资，根据医生的收治量和治愈率，给予完整全面的绩效评价，适度拉开不同能力医生的收入差距。另一方面，要尊重医生利用工作之余的时间去其他地区进行“飞刀”等支援的选择，以法律法规的形式，充分保护这类合法性收入。高端人才向发达地方集中是不可逆转的趋势，我们应做的是给他们提供向不发达地区支援的机会，保障他们的合法权益，让他们在奉献中一方面能得到经济收入，另一方面能感受到执业的荣誉感和社会责任感。

尽管在医疗领域不可能三角中，我们选择了广泛覆盖的医疗卫生体系+先进的医疗产业组合，但其中依然存在着进步的空间。在习近平新时代中国特色社会主义思想的指导下，我国的医疗卫生体制改革高举公益性大旗，通过分级诊疗、医保支付方式改革、医院绩效薪酬改革等方式，提高投入资源的利用效率，适度减少对社会资源的依赖，即在保障公平、强调效率的基础上，尽可能地减轻社会负担。

五、择善而从：英国、日本和美国的医疗卫生体制改革及对我国的启示

在社会资源允许的情况下，为社会成员提供与社会经济水平相适应的医疗保障，是每一个现代化国家都必须面对的问题。研究不同国家的医疗卫生体制改革，总结其经验和教训，有助于我们扬长避短，更好地推进我国的医疗卫生体制改革。为此，我们

根据医疗不可能三角中的三种组合，分别选取了英国、日本和美国作为不同模式下的典型，分析医改的得失，总结经验教训，为我国医疗卫生体制改革提供有益的借鉴。

（一）英国：全民医保与成本控制的典范

在医疗不可能三角中，英国选择了“广泛覆盖的医疗卫生体系 + 低投入的社会资源”组合，并逐渐成为这一选择的典范。

英国于 1948 年建立了全民保健制度（National Health Service，NHS），负责管理医疗卫生及其相关事务，医疗服务和药品的支付方与提供方都由政府直接提供经费和经营。NHS 将英国全体公民纳入风险集合，医疗保险资金主要来自国家财政拨款，除处方药和牙科服务之外，医疗服务几乎是免费的。

英国医疗体系在全国范围内可分为三级，包括社区医疗、全科诊所和综合性全科医院及专科医院，其中社区卫生服务是最具特色和代表性的，突出了英国医疗体系注重预防保健和广泛覆盖的特点。

20 世纪 80 年代末以前，英国模式的主要特征是高福利性和高公平性，保证医疗资源的公平分配。但像所有的国有化产业一样，NHS 深受垄断之苦，导致官僚主义盛行、机构庞大、效率低下、缺乏竞争和创新、缺乏人性化、政府财政负担过重等问题。1989 年，英国医疗体系开始进行内部市场化改革，在保持医保全民覆盖的基础上，试图解决相关问题。改革思路主要包括：一是将医疗服务的供给与需求分割开来，摆脱国有模式的桎梏。二是将传统的区卫生局构建成买方需求的代理人，将一个区域的医保资金集中管理使用，同时为了避免僵化，规定拥有 10000 名以上就诊病人的全科医生可以申请成为基金管理人。三是允许医院向国务大臣申请成为自治托拉斯（self-governing trusts），得到批准后可以联合全科诊所等组建垄断集团，这些集团以非营利化的模式运行，并与其他垄断集团、公立医院等展开竞争。

通过供给与需求的分割，英国成功完成了医疗体系的内部市场化改革。20 世纪 90 年代，NHS 将卫生费用始终控制在国内生产总值（GDP）的 7%，以投入较低的社会资源支撑起全民覆盖的医保体系。

尽管英国通过一系列改革建立起廉价且广泛的医保体系，但其内部市场化改革并没有实现对医疗不可能三角中三者的兼顾。首先，内部市场化改革的措施并未使医疗服务的公众满意度、医疗等待时间、等待就诊人数和诊疗质量得到改善，医疗卫生产业没有实现持续的发展。同时，内部市场化改革将供给与需求分离，相当于创办了两套行政机构来分别运作，消耗的行政成本较以往大幅度增加。1997 年工党上台后，英国政府继续对医疗体系进行改革，采取了诸如增加医疗人员自由度、扩大全科医生权力、将多地的区卫生局合并成战略卫生署（Strategic Health Authorities，SHA）、提高患者在医疗体系中的地位等措施，但收效甚微。

英国模式一直都是我国支持政府主导医疗卫生服务体系的拥趸们标榜的典范，广泛覆盖的医疗保障体系与低廉的政府开支对我国无疑具有巨大的吸引力，但我们不应忽略，选择广泛覆盖的医疗卫生体系 + 占用低水平的社会资源组合使得效率降低，导致医生积极性不足、诊断治疗水平多年得不到提升、医院生产力增长缓慢，这都是我国当前国情所不允许的。我国老龄化发展迅速，疾病谱系正以向慢性病为主的方向转变，如果医改以英国为蓝本，医疗水平增速就会放缓，也将使我国“一号难求”、看病排队的情况更加严重。

我们也应该看到，英国医改给我国提供了两方面可以借鉴的经验。一方面，医疗系统内部市场化改革对我国当前进行的管办分离提供了宝贵的思路。当前，我国医疗服务的最大购买者是政府主导建立的医保基金，医保基金很大一部分收入来自政府公共财政拨款，而医疗服务的最大提供者是政府主导建立和管理的公立医院。本质上，我国的情况同改革前的英国情况相同，医疗行为只是将政府的钱从左手的医保基金转给右手的公立医院。一直以来，我国对管办分离探索的都是医院的管理与创办的分离，即只是提供医疗服务供给侧内的管办分离。而英国经验告诉我们，在管办分离推进的过程中，也要注意医疗服务需求侧（医保）和供给侧（医院）的分离。只有将需求与供给分离，才能推动医疗服务成本的降低。

另一方面，英国的全科医生制度为我国家庭医生制度提供了宝贵的经验。我国家庭医生制度还未完全推行，家庭医生队伍建设仍处于初级阶段，人力资源质量普遍不高，而基本公共医疗服务需要大量合格的全科医生作为家庭医生。对此，应该从教育、管理、薪酬等三个方面对我国的家庭医生制度进行完善。

首先，政府在卫生人力规划中要设立专项资金，加快培养高素质的全科医生。除了现有的医学继续教育（包括规范化培训、岗位培训等），还应加快高等医学院校对全科医生的培养步伐，探索符合中国国情的全科医生培养体系、方法和途径。其次，在家庭医生管理方面，不应只要求家庭医生作为基本公共医疗服务的提供者，还应学习“英国模式”，使其积极主动地担任全科服务团队的组织者和协调者角色。家庭医生应以个人为中心、以家庭为范围，开展全科门诊、家庭病床、健康教育及慢性病康复指导等基本卫生和疾病预防服务。最后，在薪酬方面，政府应该制定一系列激励和优惠政策来留住全科医生。例如合理提高社区全科医生的收入水平、改善基层医疗卫生服务基础设施和社区卫生人员的工作环境等。

（二）日本：全民医保与医疗效率的集中

在医疗不可能三角中，日本的选择与我国当前的情况类似，采用的是“广泛覆盖的医疗卫生体系 + 先进的医疗产业”组合。

日本是首个引入社会医疗保险制度并实现全民覆盖的非西方国家，其保险主要分为两大类。第一类是针对雇员及其家属的保险（EHI），保险费为雇员月工资的 8.2%，由雇主和雇员按比例分摊。第二类是针对自由职业者、退休人员、养老金或抚恤金领取者及其家属（CHI）的保险。根据承包人的不同又可以分为两部分：一种是以社区为基础，由政府承保的普通国民健康保险；另一种是由协会承保，被保险人为职业相同的人。

日本的医疗效率是值得称道的。2000 年世界卫生组织专项报告对所有成员国的卫生系统进行了排名，日本卫生系统的健康水平位列第一名。

除了选择与我国相似，日本面临的许多问题也与我国相近，其中最严重的挑战来自医疗费用的控制。1980—2002 年，日本医疗卫生支出以年均 5% 的速率增长，而 GDP 的增速仅为年均 4%。1990 年，日本医疗卫生支出占 GDP 的 4.6%，而到了 2015 年，医疗卫生支出占 GDP 的 11.2%。在费用的控制问题上，日本政府从 2002 年开始采取了四项改革措施，以期扭转局面。

第一，改革医保支付方式。日本政府和专家都认识到按服务项目收费是造成医保费用高支出的主要原因。2003 年 5 月，日本政府在 80 家大中医院和 2 家国立医疗中心引入综合性的付费制度，其后准备将这一制度扩大到其他医院，但由于日本国内只有 10% 的医院引进了国际疾病分类体系（ICD），因此该项改革受到限制。

第二，重构医疗保险制度。为了实行结构改革，日本劳动保障和福利部门 2002 年 12 月提出了两个可供选择的方案。最基础的方案称之为交叉补助计划，即对各个保险计划进行调整以消除不同年龄和收入参加者之间的差别，最终把所有的计划整合到统一的地区财务计划中，但该计划遭到雇员管理保险（EHI）的反对。第二个方案是为 65 岁以上的老人提供单独的保险计划，但老年群体因为政府补助不足需要自己承担高额保费而提出反对。2003 年 3 月，日本内阁将两种方式结合起来，对 75 岁以上的老人提供单独的保险计划，对 65—74 岁的老人，则采用 EHI 和 CHI 的交叉补助方案。

第三，引入新的自由市场理念，进行市场化改革。日本在以往的医疗卫生体制下，不允许平衡账单或者对患者收费超过医疗保险返还的金额。日本医疗协会反对平衡账单，认为所有的患者都应该得到平等的医疗服务。随着日本经济陷入低迷，经济学家和商业领袖都鼓吹将差额负担引入偿还系统，允许成立股份制医院，从而拉开了市场化改革的序幕。

第四，改善面向患者的医疗服务系统。通过分配系统的改革、引入广告机制和改善医疗教育等方式对患者提供服务，但这对控制社会资源投入而言，更多的是起辅助性作用。

尽管这些改革未能阻挡日本医疗费用的快速增长，但确实在一定程度上减缓了日本医疗费用的增长速度。

作为与我国选择相似的国家，日本在医改中的经验与教训给我国提供了三大启示。

一是医保支付方式的改革需要足够的技术支撑。日本的医保支付方式改革意图虽好，但受医院客观条件的限制，无法对病人进行分类认定，自然也就没有办法设定相应的打包金额。随着我国医保支付方式改革的推进，我们应当吸取日本的教训，先行帮助各地区医院获得足够的技术支持，在技术试验验证完善的基础上再通过试点方式加以推行。

二是医保制度的多轨道体系应当在经济快速发展时期进行合并。日本调整医疗保险制度的尝试是在经济发展陷入低迷的时期，在许多人交不起保费时进行改革阻力较大。此时的并轨（即所谓的“交叉补贴”）大多采取有富余的人补贴不足的人的方式，但由于经济的萧条，富余者不愿意让渡资源，并轨也就无法推进。对于我国而言，随着城乡差距的缩小，城镇居民医保和农村合作医疗迟早要面临并轨的压力，在经济保持中高速发展的当前提早设计和出台并轨方案，面临的阻力会相对小一些。

三是市场化的改革无助于社会资源投入的控制，反而有可能带来无序竞争，耗费更多的社会成本。对我国而言，为了减少社会资源的投入，只能坚持以基本公共医疗服务公益性的方式推进，万不可再次陷入将医院推向市场化的陷阱。

（三）美国：成本控制与全民医保的百年竞争

当前，世界主要发达国家基本上将全民医保视作理所当然之事，所以，寻找一个在医疗不可能三角中彻底抛弃全民覆盖的医疗保障的国家，是一件非常困难的事情。对此，我们选择了美国来介绍其内部关于成本控制与全民医保的百年竞争。美国是对全民医保至今仍在纷纷议论的国家，也是全世界绝无仅有的一个没有实现全民医保覆盖的发达国家。

1912 年，美国前总统西奥多·罗斯福退出共和党后，代表进步党参加大选并提出全民医疗保险计划。由于他在竞选中不敌伍德罗·威尔逊，美国第一次全民医疗保险计划胎死腹中。

1920 年，美国医学会（America Medical Association，AMA）召开大会通过决议，反对任何形式的“强制性医疗保险”（compulsory health insurance），即全民医保计划，理由主要包括：一是全民医保在意识形态领域不符合美国的价值观，二是全民医保计划将使社会大量资源被投入医疗中。AMA 支持的共和党政府同样基于以上理由反对全民医保。从此，美国陷入了一场成本控制与全民医保的百年竞争。

1934 年，美国总统罗斯福为应对“大萧条”提出社会保障法案，因担心法案在国会通不过，撤出了其中的全民医疗保险部分。1945 年，罗斯福总统去世后，继任的杜鲁门总统提出全民医保计划，AMA 指责该计划带有共产主义色彩，从而导致其在国会被否决。1948 年杜鲁门连任后再次提出全民医保计划，但因朝鲜战争而搁置。随着共和党人艾森豪威尔的上台，民主党进行的第一轮全民医保的努力宣告终结。

1964 年，民主党人约翰逊连任总统，随着民权运动和工会实力的增强，他主导通过了为老人和残疾人提供全国性医疗福利的联邦医疗保障（Medicare）和为贫困儿童及家庭提供全国性医疗福利的医疗补助（Medicaid），其中的联邦医疗保障是美国历史上第一个全国性的医疗福利措施，但它仍不是一个全民性的医疗福利，覆盖的人口不到总人口的 6%。

在联邦医疗保障和医疗补助通过以后，医疗价格和费用开始急速上升。医疗不可能三角再次展现它的严谨——随着医疗保障覆盖面的扩大，其投入的社会资源也在迅速增加。

由于医疗费用的上涨，1973 年尼克松总统签署《健康维护组织法案》。健康维护组织是指一种在收取固定预付费用后，为特定地区主动参保人群提供全面医疗服务的体系。该法案实行后，这一医疗保险形式逐渐成为私营医疗保险的主流。1976 年，民主党人卡特上台后，受制于经济“滞涨”和伊朗人质危机，他的医疗改革被搁置。随着共和党人里根和老布什上台执政，民主党人的第二轮全民医保的努力宣告终结。

1992 年，民主党人克林顿开始了第三轮全民医保的努力。克林顿医改的核心是要求所有 65 岁以下不享受联邦医保的人必须购买医疗保险，有工作的人由雇主补贴，没有工作的人由政府补贴。在购买保险时，投保人要按地区形成“地区医疗购买联盟”（Regional Health Alliances），而保险行业则要形成“有管理的竞争”（managed competition），从而降低保险费用。该法案遭到共和党的强烈反对，随着民主党在 1994 年美国国会选举中惨败，克林顿医改遭到搁浅。共和党人小布什上台后，美国医疗制度再无改变。

2008年民主党人奥巴马上台执政，开始第四轮全民医保努力。2010年3月23日，奥巴马签署名为《美国大众卫生保健法案》的医疗改革方案。新的医疗法案的主要内容包括：一是在原有的商业保险的基础上，扩大医疗保险的覆盖范围，为3200万没有医疗保险的人提供政府医疗保险（包括为65岁以上老人和残障人士提供的联邦社保基金医疗保险以及为低收入家庭提供的州政府医疗补助），将医疗保险的覆盖率上升到95%，并将更多的医疗项目纳入到医保范围。二是一定程度上加强医疗保险领域的政府干预，创立医疗保险费率管理局，负责保险公司保费政策的监管并对各保险公司保险费率调整进行监督和评估。三是政府通过提高针对高收入群体的个人所得税和高额保单的消费税来筹集医疗保险资金。

然而奥巴马医改的快速推进带来了高昂的社会成本，主要表现在人均医疗卫生支出急剧增加，政府为提供医保而筹措的社会保险税也快速增长，这使得奥巴马医改遭到了既得利益集团和绝大多数中产阶级的反对。随着共和党人特朗普上台，奥巴马医改最终功亏一篑。

拥有全世界最发达医药产业的美国，随着两党的政治博弈，在低廉的社会成本与广泛覆盖的医疗保障体系的选择中反反复复。在这一过程中，美国既没有实现全民医保覆盖，又在追求全民医保的过程中不断推高社会成本。如今的美国，卫生总费用、人均医疗费用或总费用占GDP的比例均排在全世界前列甚至最高。

美国医保体系的百年之争给我国医疗卫生体系改革提供了两大宝贵经验。

一是在医疗不可能三角中进行的取舍不能在短期内反反复复，而应循序渐进，统筹推进，否则将会一无所得，甚至造成更多负面影响，使改革的成本和难度进一步提高。美国共和党与民主党就成本控制与全民医保的斗争接近百年，相隔一定的时间便会经历一次政策的全面反复，最终导致全民医保和低廉社会成本两大目标均没有实现。我国新医改选择放弃低廉的社会成本，并在追求全民医保和卫生产业效率的道路上已经努力了 10 多年，此刻不宜对目标进行大规模调整，不宜再掀起医改方向之争，否则将前功尽弃。

二是医疗卫生体系改革需要先行打击利益集团或取得利益集团的配合与谅解。美国医学会在共和党和民主党两党的百年之争中一直扮演着既得利益集团的角色，为共和党提供了诸多支持，从而使得民主党的多轮医改努力搁浅。当前，我国医改进入深水区，在改革的过程中，要严格界定清楚哪一部分是现行医疗体系的既得利益者，在界定清楚的基础上，要进一步将其划分为医改的潜在拥护者和反对者。对那些潜在的拥护者，要通过给予他们补偿的方式来取得他们对医改的支持；对那些反对者，则要通过壮士断腕的决心，坚决对其进行改革和调整，保证医改在正确的方向上不断前行。

对比世界不同国家的医疗卫生体系改革，我们不难发现，医改在全世界都是一道难题。在新医改特别是党的十八大以来，我国选择了一条通过加大政府投入，实现全民医疗保障覆盖，助力医疗卫生系统实现高效改革的道路。虽然在这个过程中，由于实际资源的限制，我国医疗卫生体制依然存在顽疾，但这些顽疾最终将随着经济社会的发展而得到解决。

六、结语

医疗问题乃民生之重，关系着每一个人的生老病死和每一个家庭的幸福和睦。良好的医疗条件，是小康社会的重要组成部分，也是人民群众美好生活的基础和保障。

改革开放以来，特别是2009年新医改实施之来，我国在全民医保制度、药品供应保障制度、分级诊疗制度、现代医院管理制度、综合监管制度五个领域进行了系统而深入的改革，并在每一个领域都取得了巨大的成就，如进一步明确了健康中国的发展战略，大幅度提升了人民群众医疗卫生需求的获得感，并将健康的理念融入公共政策制定的全过程。2020年，改革后的医疗卫生体制在面对来势凶猛的新冠肺炎疫情时，在党中央的正确部署下，发挥了积极作用，为打赢疫情防控阻击战奠定了坚实的基础。

在人民群众医疗条件大幅度改善的同时，我们也必须看到，随着医改进入深水区，传统的看病难、看病贵问题逐渐复杂化，我国居民医疗条件也暴露出显著的不平衡、不充分等问题。主要表现为：看病难，三甲医院一号难求，特别是一线城市优质医疗资源难以获得的问题突出；看病贵，不仅居民需要为治疗付出昂贵的检查费用，医保基金也面临着巨大的收支压力。同时，医患关系的和谐面临严重挑战，恶性伤医甚至杀医事件，对公序良俗形成强烈的冲击。过度医疗现象屡禁不止，报销额度高的居民为了花掉自费的医保金额而去购买效果存疑的保健品，医生出于各种动机开繁多的检查。最后，由于从医环境的变化，医疗资源后继力量显著不足。这些问题，都影响全民健康这一基本民生目标的实现。

我们党高度重视民生工作，始终把保障人民群众健康放在心头。习近平总书记多次强调，没有全民健康，就没有全面小康。2016年以来，针对医疗领域存在的制约居民病有所医目标实现的种种问题，党和政府主持制定了健康中国战略。在保障基本医疗公共服务公益性的基础上，通过推进分级诊疗，试图彻底解决我国多年来的看病难问题，通过推进医保支付方式改革，从制度上推动消除过度医疗的土壤，提高医疗资源的利用效率，减轻医保基金负担，让看病贵成为历史；通过医院绩效体制改革，调动医生积极性，改善医患关系，让医疗行业更加健康而可持续地发展。

当前，围绕健康中国战略，新一轮的医改正在蓬勃发展。为解决之前的“九龙治水”问题，党和国家组建了国家医保局，对医疗卫生机构进行供给侧改革，对医保基金进行需求侧改革，对医疗卫生行业综合监管制度进行改革与完善。

医疗问题是重大民生问题，对国家经济社会的发展具有重要的保障作用。新冠肺炎疫情更是让大家发现，没有人民的健康，社会的稳定发展便无从谈起。在全面建成小康社会的历史节点上，人们对美好生活、更好医疗条件的期待，比以往任何时候都更加强烈。相信在习近平总书记以人民为中心理念和党的十九大精神的指引下，我们必定能解决好医疗发展中存在的各种问题，实现全民健康的目标，实现人民群众对更好医疗条件和更加美好生活的期待。

第三章

住房：住有所居与全面小康

坚持房子是用来住的、不是用来炒的定位，加快建立多主体供给、多渠道保障、租购并举的住房制度，让全体人民住有所居。

——习近平

良好优质的住房条件，是小康生活的重要组成部分，对于全面建成小康社会具有重大意义，也是人民群众美好生活的基础和保障。在全面建设小康社会的进程中，我国居民的住房条件得到了大幅度改善，在朝向让全体人民住有所居目标前进的道路上取得了举世瞩目的成就。然而，随着城市化的快速推进，我国居民住房条件仍存在显著的不平衡、不充分问题，房价高、住房难、供给渠道单一、市场秩序混乱、住房保障存在短板、制度建设尚不完善等仍然制约着让全体人民住有所居目标的实现，制约着人民群众对更好居住条件愿望的实现。住房问题是重大民生问题，连着民心。我们党和政府高度重视民生工作，始终把解决和改善人民群众住房问题置于改革和发展政策考量中的重要地位。习近平总书记多次强调，住房问题既是民生问题也是发展问题，关系千家万户切身利益，关系人民安居乐业，关系经济社会发展全局，关系社会和谐稳定，提出了“房子是用来住的、不是用来炒的”的定位，并将其写入了党的十九大报告。在全面建成小康社会的历史节点上，人们对美好生活、更好居住条件的期待，比以往任何时候都更加强烈。当前，以让全体人民住有所居为目标，以“房住不炒”这一住房功能新定位为基本遵循，以建立多主体供给、多渠道保障、租购并举的住房制度，探索房地产管理长效机制为主要内容的新一轮住房制度改革正在展开。必须深入学习、认真领会、坚决贯彻落实党中央和习近平总书记对于住房工作的重要指示，积极总结经验，克服不足，多方借鉴，不断推进住房制度改革，解决好住房领域中存在的各种问题，实现让全体人民住有所居的目标，实现人民群众对更好居住条件和更加美好生活的期待。为此，本篇讨论住房对于全面建成小康社会的重大意义，概述我国在住房发展中取得的巨大成就，分析当前住房领域存在的主要问题，深入探讨新一轮住房制度改革中的重大举措，介绍对我国住房制度建设有启发意义的国际经验，以期有所裨益。

一、住有所居与全面小康：住房对于实现全面小康的重大意义

（一）小康不小康，关键看住房

家是千百年来中华民族传统价值观中的重要理念，而住房也远远超越了它本身的意义，承载了中国人民对家的向往，成为中国人民实现美好生活的核心要素。唐朝大诗人杜甫就曾发出“安得广厦千万间，大庇天下寒士俱欢颜”的感叹，这一名句之所以千古流传，恰恰是因为其中饱含着个人、家庭和社会对住有所居的殷切期盼。

小康是人们对殷实、富足的美好生活的概括，而住房关系着千家万户的生活质量，是这种美好生活的基础和保障，对于个人、家庭乃至社会发展具有非常重要的作用，是实现全面小康的重要内容。我们通常用衣、食、住、行来概括最基本的生活需求，而随着我国经济社会的高速发展，对于中国普通家庭而言，穿衣、吃饭、便捷出行已经不是难以解决的问题，而住房随着人们生活水平的日益提高显得越发重要，甚至变成了人人关心、家

家热议的显性问题。能不能住上户型更宽敞、设施更完备、配套更全面、环境更舒适的住房，成为普通家庭在不愁吃穿、不愁出行之后最重要的目标，也成为他们进一步改善生活条件、生活质量、生活品质的最重要方面和最大开支项。所以，有人说“小康不小康，关键看住房”，可见住房在小康社会愿景中的重要地位。

首先，住房条件和个人发展密切相关。人生有接近 1/2 的时间生活在住房中，因此，住房对每一个人来说都至关重要。住房，为人们提供吃饭、睡觉、起居生活的空间场所，为人们挡风避雨、御寒防热，是人生存和生活的基本条件。住房还为实现人的享受需求和发展需求提供空间，为人们个人学习、子女教育、家庭沟通、休闲娱乐、社交提供条件。此外，住房还会影响人的心理、情绪甚至性格、行为。一般而言，良好的住房条件有利于个人形成健康的心理、保持良好的心态、拥有积极向上的性格等，对人们的生活质量满意度有着重要影响。因此，基本居住权已被广泛认可为公民的基本人权。《世界人权宣言》中有这样的表述：“人人有权享受为维持其本人和家属的健康及福利所需的生活水准，包括食物、衣着、住房、医疗和必要的社会服务。”1981 年在伦敦召开的城市住宅问题国际研讨会通过的《住宅人权宣言》中也明确提出：“一个环境良好、适宜于人的住所是所有居民的基本人权。”

其次，住房和家庭幸福和睦息息相关。一方面，住房条件决定了一个家庭能否顺利地组成，家庭成员能否有独立的空间进行生活，能否正常实现家庭生产、生育、抚育子女、赡养老人、教育子女、交流娱乐等应有功能。另一方面，住房可能直接制约着某些家庭功能的发挥。比如，如果住房过于狭窄拥挤，那么家庭交流、抚养教育子女等需要一定空间的活动就会受到限制。如果没有能力购买和租用住房，年轻子女即使婚后也无法与父母分开居住，不仅与现代社会核心家庭化趋势相悖，两代人之间也会由于生活习惯、价值观差异等引起摩擦，从而影响家庭的和睦。这种情况，在一些住房条件比较差的年代或地区相当普遍。因此，俗话说“安居乐业”，能够住得好是每个家庭的期望，是居民幸福感、获得感和安全感的重要源泉。

最后，良好的住房和居住条件，也是社会和谐发展的重要保证。住房不仅是个人和家庭的事情，它也具有显著的外部性和社会性。家庭是社会的原子，社区是社会的基层单位，家庭幸福和睦，才能形成一个良好的社会氛围，而良好的社区居住环境，才能孕育出亲切和睦的邻里关系、和谐安定的社区气氛，对减少社会矛盾、实现社会和谐稳定发展有着重大意义。良好的社区环境也有利于子女的教育和成长。而缺乏基本居住条件和不良的居住环境则会影响人们的生活质量和居民健康，从而影响劳动力再生产和社会物质再生产，甚至还会诱发犯罪、疾病等一系列社会问题，对社会文明的发展带来障碍。此外，住房是家庭物质生活条件最基本、最直接的反映，不仅反映了家庭所处的社会地位，也直接反映了社会的公平程度，并且最易导致由不公平感引起的社会问题。从这个意义上说，住房具有准社会公共物品的特征，是维护社会和谐、推动社会发展的重要条件。

因此，良好的住房和居住条件，对于实现全面小康非常重要。可以预见的是，即使在全面建成小康社会之后，随着我国经济社会发展水平的不断提高，对更好的住房和居住条件的需求仍将不断增长，成为人们不断追求美好生活的重要组成部分。

（二）“小康住房”与“住房小康”

那么，什么样的住房才符合小康社会的标准呢？关于这个问题，我们经常看到两个既相互联系，又稍有区别的概念——“小康住房”与“住房小康”。前者偏微观，是指从具体的住房来看，多大的住房面积、什么样的户型设计、什么样的配套设施才符合小康生活所需。而后者则偏宏观，是指从全社会的情况来看，怎样的住房条件和水平才符合小康社会的标准。

对于小康住房而言，其具体标准随着经济社会发展水平的提高而处于发展变化的状态。事实上，早在1986年，国务院发布的《城乡住宅建设技术政策要点》中就规定了小康住房的标准，主要是人均居住面积在8平方米以上，有配套的厨卫设施，独门独户，具有防火、隔声、隔热等性能以及良好的日照、通风、采光和绿化环境，具备入学、入托、购物和交通便利等条件。1991年，国家统计局制定的小康社会16项具体基本经济生活指标中，规定了小康住房的标准是人均住房使用面积达到12平方米。当然，这些标准我们早已实现了超越。1994年，建设部对小康住房提出了10条新标准，从住房套型面积、厨卫空间、居寝分离、采光通风、水、电、气、空调、电话、住宅区环境绿化、室外空间、噪声防治、垃圾处理、车辆停放、社区服务、道路交通、节能节地、生态环保等多个方面对小康住房进行了细致的描述和规定。现在看来，这一标准仍具有很强的前瞻意义。2003年，建设部发布了其制定的小康住房标准，即到2020年，我国居民住房要从满足生存需要，实现向舒适型的转变，基本做到“户均一套房、人均一间房、功能配套、设施齐全”，这一标准基本沿用至今。

而对于住房小康而言，则更强调全社会的居住条件原则。1996年6月在土耳其伊斯坦布尔召开的联合国人居会议通过的“人居议程”提出“人人享有适当的住房”这一纲领性目标。这一目标既有对每个公民应享有基本居住权的伸张，又包含着使每个公民追求更优质居住条件、实现其多样化居住需求的政策主张：要实现人人享有适当住房的目标，就需要不断完善多层次、多渠道、多样化的住房制度体系。我国一直努力改善人民群众的住房和居住条件，在21世纪初就正式提出，应努力实现住有所居的目标。习近平总书记高度重视人民群众的住房问题，郑重提出让全体人民住有所居的目标，并不断提出新思路、采取新举措，为人民群众的美好生活而奋斗。因此，从全社会来说，住房小康的标准应是让全体人民住有所居，不但住有所居，所居的还应是小康住房。

二、广厦万千：住房制度改革与住房发展的巨大成就

在传统的计划经济时期，我国长期实行与计划经济体制相配套的由国家和单位统包职工住房投资、建设和分配的福利住房制度，但这种住房制度客观上造成了住房建设投入不足的弊端，使住房短缺问题一直存在。特别是福利住房制度与市场经济的不匹配、不适应性随着我国经济社会改革的推进而愈发显著，亟待全面改革。

早在1980年4月，邓小平同志发表关于建筑业的地位和住宅政策问题的谈话时，就提出了住房商品化的构想。随后，我国

城镇住房制度改革的探索不断展开。1994 年，党的十四大确定我国经济体制改革的目标是建立社会主义市场经济体制，之后住房制度改革也加速进行。同年，国务院出台了《关于深化城镇住房制度改革的决定》，明确建立与社会主义市场经济体制相适应的新的城镇住房制度，实现住房商品化、社会化。由此，我国开始建立住房公积金制度、经济适用房制度，城镇住房制度改革进入全面推进阶段。1998 年，国务院下发了《关于进一步深化城镇住房制度改革加快住房建设的通知》，明确了住房保障体系改革和住房建设的方针、政策，启动了住房货币化改革，标志着我国城镇住房制度根本性改革的开始。具体来说，该文件要求在 1998 年下半年停止住房实物分配，逐步实行住房分配货币化政策，即改变以前的住房实物分配形式，国家将住房补贴由以前的“暗补”转为“直补”，以货币分配形式分配给职工，并辅之以家庭储蓄、住房公积金以及银行贷款等金融手段支持，由职工到房地产市场上购买住房，并获得住房的所有权，满足自身的住房需求。之后，相关部门及各地方又相继下发了一系列规范性文件，我国城镇住房制度大变革正式拉开序幕。

1998 年住房制度改革，结束了延续近半个世纪由政府主导的住房实物分配制度，启动了以商品化、货币化、市场化方式解决居民住房问题的时代，在我国住房制度变革的历史进程中具有里程碑意义。这次改革，使住房成为商品进入市场，商品住房成为满足城镇居民住房需求的主渠道，充分发挥了市场配置资源的基础性、决定性作用，大大激发居民购买住房、企业兴建住房、社会资金投资住房开发的积极性，使我国住房建设进入快车道，以住宅为主的房地产市场迅速发展。之后，我国住房制度不断完善，逐步形成了包括住房市场制度、住房保障制度、住房金融制度、土地出让制度等一系列制度在内的住房制度体系。

随着住房制度改革的推进和经济社会的高速发展，我国在住房建设和住房发展领域取得了巨大的成就，人民群众的住房条件得到了显著改善。

第一，我国居民的人均住房面积大幅度提高。人均居住面积是衡量一个城市、一个国家居民住房条件的最基础、最直观的指标。改革开放之初，我国城镇居民人均住房面积仅为 6.7 平方米，缺房无房户占城镇人口近 50%。直到 1998 年住房制度改革前夕，人均住房面积在 4 平方米以下的城镇家庭还有 414 万户。住房难问题在一些大型城市更为突出，以上海为例，直到 20 世纪 90 年代，上海的人均居住面积仍在 7—8 平方米之间徘徊。当时，住房难曾被称为“申城第一难”，一家三代挤在一间石库门小屋中的情况比比皆是。而到了 2018 年，城镇居民人均住房建筑面积达到了 39 平方米，比 1978 年增长了近 5 倍。上海人民的住房状况大为改善，城镇居民人均住房面积从 1978 年的 7.4 平方米提高到 2018 年的 37 平方米，可谓发生了巨大变化。[①] 人均 40 平方米左右的住房面积，在国际上是什么水平呢？应当说，这一水平虽然不能与相对地广人稀的北美、大洋洲国家相比，但已经接近了日本、韩国的水平，且普遍超越了与中国人均 GDP 相近的国家。农村居民的人均住房面积也有很大增长，从 1978 年的 8.1 平方米增长到 2018 年 47.3 平方米，增长了近 5 倍。[②]

---

① 数据来源：国家统计局、中经网统计数据库。

② 数据来源：国家统计局、中经网统计数据库。

第二，我国城镇居民住房套户比显著增长。套户比是指住房存量套数与居民家庭数的比值，它反映了住房短缺或充裕的状态。据研究者测算，1978—2018 年我国城镇住房存量从不到 14 亿平方米增至 276 亿平方米，城镇住房套均面积从 44.9 平方米增至 89.6 平方米，城镇住房套数从约 3100 万套增至 3.11 亿套，套户比从 0.8 增至 1.09，这表明从总体上看，中国城镇住房供需平衡，已经从总体上解决了住房短缺的问题。从国际比较来看，美国、日本、德国和英国的套户比分别为 1.15、1.16、1.02、1.03，而中国已与这些发达国家基本接近。①

第三，我国居民住房和居住品质得到巨大改善。从“你一间，我一间，筒子楼里冒黑烟”到“小高层，电梯房，城乡广厦千万间”，从石库门、小胡同、棚户区到环境优美、设施齐全的小区、公寓，人民群众的居住品质发生了翻天覆地的变化，极大地改善了民生状况。从数据上看，住房成套率是反映居民居住质量的重要指标之一，它可以避免人均住房面积只反映居住面积大小，而不能反映生活方便程度、卫生条件好坏等居住质量的缺陷。1990 年，我国住房成套率仅有不到 40%，这意味着一半以上的住房不具备独立的厨卫等基本设施。而如今，我国住房成套率已经超过 80%，住房设施日益齐备，居民居住质量得以迅速改善。与此相应，农村的住房条件也呈现出大幅度改善的面貌。近年来，全国农村居民家庭新建房屋中钢筋混凝土结构的比例已经超过 80%，建筑质量和设施都有明显提高。②

① 任泽平:《中国住房过剩还是短缺？》，凤凰网 2019 年 2 月 16 日。

② 数据来源：国家统计局。

第四，住房建设支撑了城镇化的高速推进。我们已从住房面积、户均套数、住房品质三个方面，考察了改革开放以来，特别是1998年住房制度改革以来，我国居民住房条件大幅度改善的情况。其实，住房发展的巨大成就不仅在于此，我国住房事业的快速发展，还支撑了我国超大规模的城市化进程，城市面貌焕然一新，促进房地产市场蓬勃发展，有效拉动了经济持续增长。自改革开放以来，我国经历了人类历史上最大规模、最快速度的城市化进程。1998年，我国常住人口城镇化率仅为33%，而到2019年，城镇化率已经突破60%，21年间，新增城镇人口超过4亿。如此巨量的城镇人口增量，需要大量住房才能承载，而我国住房的快速发展，在承载巨量人口的同时，还大幅度提高了人均住房面积，避免了许多后发国家都曾出现过的“贫民窟”现象的出现。我国波澜壮阔的城市化进程，不仅规模大，而且质量高，从县城到省城，从中小城市到特大城市，从西部内陆城市到东部沿海城市，都已经具备了现代化的城市面貌，城市基础设施的进步显著。例如，2018年，我国城市人均拥有道路面积和城市人均公园绿地面积已分别达到16.7平方米和14.11平方米，比1980年的水平提高了8倍以上。2018年，城市燃气普及率和城市用水普及率分别达到了96.7%和98.36%。①

第五，房地产业快速发展使我国居民居住条件大幅度改善的同时，我国以住房为主的房地产市场从无到有、由小到大，实现了爆发式发展。1987—2018年，全国房地产开发投资累计完成99万亿元，年均增长24.8%。2018年，全国房屋施工面积达

① 数据来源：国家统计局。

822300万平方米，比1997年增长17.3倍。1983—2018年，全社会住宅投资年均增长17%，在全社会固定资产投资中占据重要比重。[①] 另外，房地产业的上游产业主要是建筑业，而建筑业又连接着水泥玻璃等建材业、钢铁业和用于建设的工程机械行业。房地产的下游产业主要是由住房建设完成后的配套设施和服务构成，比如，装修装饰、家具家电、物业服务等行业。因此，房地产业涉及行业多、产业链条长，与消费、投资联系紧密，对经济增长有较强的支撑拉动作用。

三、白玉有瑕：当前我国住房领域存在的主要问题

在人民群众住房条件大幅度改善的同时，我们也必须看到，随着城市化的快速推进，大量人口从乡村向城市流动、从中西部地区向东部沿海地区转移、从中小城镇向大中城市集中，造成我国居民住房条件存在着显著的不平衡、不充分现象，住房领域存在着一些亟待解决的问题。这些问题主要表现在以下几个方面。

第一，高房价与住房难问题突出。住房价格高、涨幅大，特别是一、二线中心城市住房需求量大、集中，高房价问题突出，部分居民依然面临住房难问题。从全国来看，1998年，房地产开发企业住宅商品房平均销售价格为1854元/平方米，2018年为8544元/平方米，上涨了3.6倍。同期，北京、上海的房价涨幅分别超过5倍和6倍。事实上，因为住房开发总是存在从城市中心向郊区扩展的规律，住房均价统计往往低估房价涨幅，如果

① 数据来源：国家统计局。

以京沪核心区域相同位置相似品质的住房来考察，住房制度改革以来房价涨幅会超过 10 倍甚至 20 倍。从二手房成交价中位数看，北京高达 59138 元 / 平方米，上海也达到了 48014 元 / 平方米，几乎都是住房平均销售价格的一倍左右。高房价给人民生活带来了巨大压力。2018 年，北京二手房成交单套均价为 438 万元，价格中位数为 390 万元，当年北京城镇居民可支配收入为人均 67989 元，以三口之家计算，单套均价和价格中位数价分别对应的房价收入比约为 21 倍和 19 倍。即使按照住房均价、户均 90 平方米计算，北京、上海家庭房价收入比仍高达 15 倍和 12 倍，远超国际上 6 倍的警戒水平。这意味着普通居民在北京、上海这样的一线城市购置自有住房的难度非常之大，在这些城市，住房困难的情况依旧普遍，为购买住房而掏空“六个钱包”[①] 的情况更是比比皆是。高企的房价，已经严重制约了我国居民住房条件的进一步改善，导致住房困难加剧，甚至对社会心理造成了不良影响。比如，网络上关于“嫁人还是嫁房”的讨论就折射出高房价对于人们婚恋观的扭曲。

第二，住房制度不成熟。当前，住房制度不成熟主要表现为：住房供应体系建设仍不成熟，住房供给渠道、供给主体较为单一，住房保障的体制机制和保障能力水平仍有待提高。一方面，我国在 1998 年实行住房制度改革时，事实上是以住房自有为导向设计我国住房制度的，也就是鼓励居民购买住房用于自住。住房自有有其优势，但这也导致了我国住房市场存在重买卖、轻租

① 网络流行词，由经济学家樊纲最早提出，是指用男方的父母、爷爷奶奶、外公外婆加上女方的父母、爷爷奶奶、外公外婆共六个家庭的储蓄购置住房或付住房首付。

赁的偏向，造成住房供给渠道主要依靠商品房市场，造成供给渠道较为单一。另一方面，商品房市场很难满足低收入群体的住房需求，因此，在住房商品化、市场化改革进程中，应建立完善的住房保障体系，对低收入群体的基本住房需求予以保障。保障性质的住房，应既有出售的，又有出租的，既有货币补贴的，又有定向安置的，这就需要设计完善合理的保障住房制度体系。1998 年住房制度改革时，我国曾明确以经济适用房作为住房保障的主要形式，但随着住房市场的发展，其本身缺陷和地方政府行为模式造成经济适用房供给不足，而其他形式的保障性住房建设也与低收入群体需求存在差距，从而造成低收入家庭住房问题突出。

第三，房地产乱象丛生。近年来，住房和房地产业的发展，出现了过热甚至畸形发展的问题，一些地方经济过度依赖房地产，地方政府过度依赖土地财政，甚至大量资金流入房地产市场，导致经济出现脱实向虚的倾向。我国大规模城市化进程和居民改善住房条件的巨大需求，共同造就了房地产市场的大繁荣，但是，国民经济与房地产业是整体与部分的关系，一方面，房地产业的发展是经济增长和社会发展的重要支撑，但另一方面，如果缺乏有效治理，不能合理协调二者关系，导致房地产业畸形发展，则会出现房地产发展反过来绑架国民经济的问题。例如，有的地方经济高度依赖房地产，屡屡把刺激房地产当作刺激经济的短期手段，地方政府过度依赖土地财政，不惜与房地产商一起制造地王、推高房价，这些做法使市场更加扭曲变形，或造成房价飞涨，使百姓望房兴叹，或造成积压空置，耗费大量资源建设“鬼城”，即使制造出大量 GDP 也无异于饮鸩止渴。再如，在房地产高额利润的驱使下，各路资金纷纷以各种方式大举进入，合规的要进，不合规的经过层层包装、绕开监管也要进，都想在房地产盛宴中分一杯羹。其结果是，大量资金进入房地产，挤占了实体经济的融资和信贷资源，推高了实体经济成本，加重了企业融资困难。“开工厂不如买几套房”的玩笑折射出的正是在地产盛宴的繁华下，经济“脱实向虚”的严峻形势。

第四，房地产管理调控缺乏长效机制。我国房地产市场秩序和监管还存在短板，房地产调控政策呈现短期化问题，缺乏长效制度安排。与一般商品市场不同，房地产市场由于其自身特点，市场失灵问题严重。一则，住房并非一般商品，而是人们的基本生存资料，不能任由市场加以调节。二则，住房市场具有区域垄断性，在住房需求扩张时，处于垄断地位的供给者具有较强的控制市场、制定价格的能力，如囤房待涨、哄抬房价、投机炒作等问题突出。三则，房地产开发商以利润为导向，供给结构与居民需求结构往往不相匹配，例如开发商偏向供应大户型住房，但这就会造成市场上中小户型供应不足的问题。因此，房地产市场容易失灵失序，需要政府监管和矫正。1998 年住房制度改革后，党和政府针对房地产市场出现的价格暴涨、市场失序等情况，进行了多轮市场调控，出台了“国六条”“房八条”等政策措施，但也因为住房问题的复杂性，调控政策很多是针对当下情况的，因此，房地产市场存在的种种问题未能从根本上得到解决，亟待长效性制度安排予以规范和解决。

这些问题的存在，严重影响了让全体人民住有所居这一基本民生目标的实现，也对国民经济持续健康发展带来了巨大的挑战。在全面建成小康社会的历史节点上，人民群众对于住有所居和更好居住条件的需要，呼唤着我国住房制度的进一步改革。

四、启动新房改：奔向更好居住条件的美好生活

我们党高度重视民生工作，始终把解决和改善人民群众住房问题置于改革和发展政策考量中的重要地位。特别是近年来，针对住房领域存在着的制约居民住有所居目标实现的种种问题，下决心通过调整房地产业功能定位、完善住房制度建设、研究出台长效调控机制等，促进房地产市场平稳发展，促进住有所居目标的实现，不断改善人民群众住房条件，助力人民群众对美好生活向往这一目标的实现。

2013 年 10 月，习近平总书记在主持十八届中共中央政治局第十次集体学习时就明确强调："住房问题既是民生问题也是发展问题，关系千家万户切身利益，关系人民安居乐业，关系经济社会发展全局，关系社会和谐稳定。"[①] 并对解决好住房问题特别是推进住房保障建设进行了部署。2013 年 12 月，习近平总书记在中央经济工作会议上强调："努力解决好住房问题，探索适合国情、符合发展阶段性特征的住房模式，加大廉租住房、公共租赁住房等保障性住房建设和供给，做好棚户区改造。"2016 年 12 月，习近平总书记在中央经济工作会议上提出了"房子是用来住的、不是用来炒的"这一重要定位，并要求在坚持这一定位基础上，综合运用金融、土地、财税、投资、立法等手段，加快研究建立符合国情、适应市场规律的基础性制度和长效机制，既抑制房地产泡沫，又防止大起大落。要在宏观上管住货币，微观信贷

① 《习近平谈治国理政》第 1 卷，外文出版社 2018 年版，第 192 页。

政策要支持合理自住购房，严格限制信贷流向投资投机性购房。2017 年 10 月，习近平总书记在党的十九大报告中提出“坚持房子是用来住的、不是用来炒的定位，加快建立多主体供给、多渠道保障、租购并举的住房制度，让全体人民住有所居”[①]，引起了与会者经久不息的热烈掌声。此后，被百姓亲切称为“房住不炒”的这一新定位在各大会议上、各种文件中被反复强调。2019 年 7 月召开的中央政治局会议突出强调“房住不炒”，并提出要落实房地产长效管理机制，明确宣示不将房地产作为短期刺激经济的手段。2019 年 12 月召开的中央经济工作会议再次强调“要坚持房子是用来住的、不是用来炒的定位，全面落实因城施策，稳地价、稳房价、稳预期的长效管理调控机制，促进房地产市场平稳健康发展”。习近平总书记关于“房住不炒”的定位和坚决落实的决心，已经成为当前发展住房事业和房地产业的主线，也让人民群众住房安居的愿望获得了从未有过的安全感。

（一）精准定位，房住不炒

进一步推动我国住房改革的深入，更好解决住房领域存在的种种问题，实现让全体人民住有所居的目标，对住房功能的合理精准定位是关键前提。习近平总书记“房子是用来住的、不是用来炒的”这一金句，正是对住房功能和房地产业发展新定位的最凝练表述，蕴含了深刻的经济学理论，对我国住房制度改革的进一步推进具有核心指导作用。

---

① 习近平：《决胜全面建成小康社会　夺取新时代中国特色社会主义伟大胜利——在中国共产党第十九次全国代表大会上的报告》，人民出版社 2017 年版，第 53 页。

自1998年开始，我国在住房领域推进了住房商品化改革，房地产业的大规模发展由此起步。住房商品化改革大大推动了我国房地产业的发展，提高了居民的住房水平。但住房商品化也催生出房价过高、投机炒作、分配不均等一系列问题。要理解这些问题的本质，找到解决问题的科学方法，就须对住房商品的内在矛盾进行分析，对住房功能进行精准定位。

第一，居住是住房的首要功能。商品是用于交换的劳动产品，包含着使用价值和交换价值这一对矛盾着的因素。使用价值即商品的有用性，它是交换价值的物质承担者，是交换价值的物质前提。交换价值则体现了商品的社会属性，即一种商品与另一种商品交换的比例关系，这种比例关系反映了商品交换背后劳动分工和交换的社会联系。商品是使用价值和交换价值的对立统一，其统一表现在二者统一于商品之中，其对立不仅体现在商品所有者只能在使用价值和交换价值二者间具有其一，还表现在交换价值发展对使用价值发展的促进和对抗关系上。一方面，交换价值的发展，即社会分工和交换范围的发展，大大促进了使用价值的生产和发展。另一方面，过度追求交换价值，则会反过来制约甚至损害使用价值。

作为商品的住房，其使用价值在于为人提供居住空间，交换价值在于其可以在市场上出售并获得货币或交换其他商品。住房商品化改革，赋予了住房的商品属性即交换价值，因而衍生出了房地产市场。房地产市场的发展，促进了社会各方面资源向住房领域集中，加速了住房的开发建设，大量的住房被建造生产，大大改善了居民的居住条件。国家统计局统计显示，2018年，城镇居民人均住房建筑面积为39平方米，比1978年增加了32.3平方米，增长了近5倍。这是交换价值发展促进使用价值生产的方面。但是，过度追求房地产的交换价值，使房地产业单纯成为赚钱谋利的工具，使住房脱离其使用价值，甚至反过来损害住房使用价值的实现。

在住房商品化的条件下，住房供给已经从以追求使用价值为主，变成以追求交换价值为主。因为这种转变，住房的使用价值日趋贬值，住房先是变成了一种储蓄手段，其次是变成了一种投机工具。这显示出，为大众提供足够的住房使用价值，实现住有所居，越来越受制于不断深化的交换价值考虑。例如，2008年爆发的美国次贷危机，本来是一场交换价值层面的危机，但它却导致很多美国民众无法得到足够的住房使用价值，甚至影响正常的生活。这一方面的例子在我国房地产业发展过程中也屡见不鲜。比如，在房地产市场中，许多人仅把住房当作赚取交换价值增值的工具，造成投机炒作盛行，推高房价，限制了居民居住水平的提高，住房的交换价值过高也制约了其使用价值。又比如，生产或购置住房仅仅是为了交换价值的增加，因而囤房待涨，造成大量住房空置。再如，房地产开发商不考虑广大人民群众的居住需求，仅仅为了追求交换价值和盈利，建造过多大面积、大户型住房和豪宅，却使普通居民难以负担。还如，房地产开发商不顾实际居住需求状况，而把房地产开发当成击鼓传花的游戏，在房地产热潮时一哄而上建造大量住房，造成住房供应过量，库存高企。这些现象，都源于对交换价值的过度追求，损害了住房使用价值的发挥，使住房原本的使用价值得不到充分实现。

第二，住房并非普通商品。进一步说，住房是由土地和建于其上的房屋共同构成的，房屋是劳动产品，但土地却不是劳动产品，因此，住房并不是普通商品，对于住房商品属性的研究，必须加入对土地的深入理解。

土地本身并不是商品，而是自然界本身。但在现代经济中，土地被所有权化进而被资本化，从而取得了商品的形式，而得以在市场上交换。因此，住房本身，至少是其中土地的部分并不是商品，而是在特定的所有权关系中被商品化了。从历史上看，住房成为商品恰恰是资本主义生产关系占据统治地位的结果。在 18 世纪以前的欧洲，无论城市住房还是乡村住房，大都是由居住者自行建造并居住的，它们并不是商品。随着 18 世纪后半叶工业革命带来的城市化进程，大量工人聚集于城市，住房商品化才逐渐成为一种普遍的现象。在英国，直到 20 世纪 80 年代新自由主义浪潮之后，才出现了以商品房为主的住房供给模式。

第三，住房的民生属性。住房的特殊性还在于，住房所提供的空间本身是劳动力再生产的必要组成部分。因此，一旦住房成为商品，市场方式成为调节和决定劳动力再生产条件的手段，就大大加深了劳动力商品化的程度，而且会带来严重的社会问题。一来，住房作为劳动力再生产的必要组成部分，被发展成为取得利润的一种手段。资本家把购置住房作为一种投资活动，通过占有住房所有权这一生活必需品收取租金。二来，住房建造成为资本家经营的重要产业，但房地产业以营利为唯一目的，为其资本积累服务，往往不顾低收入群体和底层民众的居住需求。从这个方面看，住房商品化使得资本家凭借对土地所有权的垄断，利用工人最为基本的生存需要，将住房塑造为一种由卖方垄断的商品，从而攫取高额地租。因此，住房本质上并不完全是商品，作为人的基本生存需求的住房，它的完全商品化带来的是市场从社会中的“脱嵌”，从而导致人道问题和社会混乱。卡尔·波兰尼在他的社会学名著《大转型》中就写道：“如果允许市场机制称为人的命运、人的自然环境乃至他的购买力数量和用途的唯一主宰，那么它就会导致社会的毁灭。……如若被剥夺了文化制度的保护层，人类成员就会在由此而来的社会暴露中消亡，他们将死于邪恶、堕入犯罪和饥荒所造成的社会混乱，自然界将被化约为它的基本元素，邻里关系和乡村风景将被损毁，河流将被污染……，食物和原材料的生产能力也将被破坏殆尽。”①

政治经济学关于商品二因素的辩证法，帮助我们洞察到了住房及其商品化的本质及存在的问题。一是对住房交换价值的过度追求，有可能对其使用价值造成损害。二是住房并非普通商品，其商品化程度应当受到社会化的调节，保障社会成员的基本生存条件。“房住不炒”的定位正是对上述政治经济学原理的深刻理解和运用。一方面，“房住不炒”定位抓住了住房商品二因素矛盾的主要方面，即住房的使用价值——居住是主要方面，而其交换价值是次要方面，这是由我国的社会主义制度决定的。强调“房子是用来住的”绝不是要去除住房的交换价值，而是应当通过发展住房的交换价值促进住房使用价值的实现，绝不能因过分追求住房的交换价值而损害其居住的使用价值。另一方面，“房住不炒”定位凸显了住房的特殊性，即住房不是普通商品，而是社会成员基本生存需求的重要组成部分。因此，住房商品化程度不是越高越好，而是要服务于住有所居目标的实现。住房市场也

---

① 卡尔·波兰尼：《巨变：当代政治与经济的起源》，黄树民译，社会科学文献出版社 2013 年版，第 63 页。

不能由单纯的市场机制调节，而要在市场决定作用的基础上，发挥好政府和社会的作用，特别是要做好住房保障工作，矫正市场偏向，弥补市场失灵。

归结起来，“房住不炒”的新定位进一步明确了住房的首要功能是居住，不能因为商品化、市场化损害这一首要功能的实现，体现了马克思主义抓主要矛盾的思维方法，体现了我们一以贯之、始终坚持的以人民为中心的发展理念。归根结底，我们发展房地产市场的根本目的，是要提高人民群众居住水平和住房条件，不断改善民生，这是我们住房改革、发展房地产市场的初心，“房住不炒”定位进一步明确了这个初心，我们不能忘记这个初心，不能偏离这个初心。

（二）建立多主体供给、多渠道保障、租购并举的住房制度

从住房消费或使用方式来看，主要有自有和租赁两种模式。住房自有是指家庭拥有住房产权，且居住于其中。住房租赁则是指家庭并不拥有住房产权，只是通过付出租金的方式来租住住房。为了实现让全体人民住有所居的目标，应当选择怎样的住房消费模式呢?

20 世纪 70 年代后期，发达资本主义国家掀起了一股住房自有的浪潮。住房自有作为住房消费方式的一种，逐渐成为解决住房问题的主要方式。以英国为例，第二次世界大战后其曾大量修建公共出租房，以满足城市居民的住房需求。1979 年撒切尔夫人执政时，英国对住房政策作出了重大的变更，推出了新的住房法案，要求各地方政府出售其所持有的公共出租房。1989 年政府持

有的公共出租房在英国全国住房中的比重已经由 1980 年的 32% 降至 24.8%，住房自有率则从 55% 提高到了 65.4%。1991 年年底，英国累计出售了公共出租房超过 150 万套。除了出售公共出租房之外，英国政府还采取了一系列鼓励购买住房的政策，比如相关的信贷政策、补贴政策等。这就促进了英国住房自有率的提高。

为什么会出现住房自有浪潮呢？这是因为，一方面原有以公房租赁为主要住房供应模式的住房体制，给政府带来了巨大的财政压力，并且使得住房市场发展受限。另一方面，当时诞生了许多新的理论，认为住房自有具有很多好处，应当全面推行。他们列举的住房自有的好处主要有以下几个方面。

第一，住房自有模式对居住者更积极地融入社区以及提升公民责任感和社会资本具有积极作用。相对于租赁居住而言，住房自有者对社区的归属感更强烈，这使得他们更频繁地参与邻居和社区的互动，从而提升了其对社区的信任感，增加了社会资本。

第二，住房自有模式有利于子女教育和健康水平的提升。住房自有者相对于租赁居住者而言流动性更少，居住更稳定，这本身有利于父母监控孩子的学习和其他行为，从而能提高孩子的学习成绩。此外，较为稳定和频繁的邻里关系容易使住房自有者构建当地的社会关系网络，这些都是有利于孩子成长的。

第三，住房自有者往往容易获得自尊或自信。拥有住房通常被认为是成功的标志。除此以外，住房自有还能增加居住者对生活的掌控感，他们可以按照个人偏好装修住房，从而获得更强的安全感。因此自有住房能显著增强居住者的幸福感。相似的论证还有不少，这些论证都旨在说明，住房自有模式能够带给居住者积极的心理感受。

上述三方面好处还只是住房自有好处的一个方面，即其社会功能。除此之外，支持者还提出，住房自有模式还具有所谓资产建设功能，能够帮助居民既满足住房消费需求又实现财产保值增值。他们解释说，对于希望实现住房自有的人，为了积累购房款的首付，他们的工作时间和就业参与率会提高，这将增加劳动力供给，从而促进社会生产。在购入房产后，他们仍然会持续努力以偿付月供，这就要求其养成良好的收支和储蓄习惯，帮助其克服拖延和过度消费行为，进行财富积累。这意味着，自有住房充当了一个强制积累财富的工具。而且，作为资产品，住房价值增值也将为住房自有家庭带来财富增长。不仅如此，自有住房还是一个良好的信贷抵押工具，有助于缓解流动性约束和降低预防性储蓄，从而对家庭提供金融支持，提高家庭消费水平。

如此说来，住房自有模式既能解决住房问题，又能帮助家庭成长、财富积累和社区建设，简直有一体两面、一箭双雕、一石二鸟之功效，这么好的办法为什么不大力推广呢？因此，支持者就提出，应当将住房自有作为主要的住房消费模式。那时，很多国家正好遇到 20 世纪 70 年代经济萧条、财政紧张的发展状况，于是它们都大力推广，采取各种政策推动住房自有化，甚至把原有的公共住房私有化以提高住房自有化率。一时间，住房自有浪潮就席卷了全球，甚至很多人开始将住房自有化率作为衡量一个国家或地区住房水平的标准。

应该说，我国在 1998 年住房制度改革方案形成的过程中，受到了住房自有浪潮的影响，在房改政策设计中，基本上以全面住房自有为导向，依靠住房自有方式解决住房问题，无论是经济适用房制度还是原有的公有住房的货币化改革，都是以追求住房自有为目标和前提的。

然而，20 多年过去了，我们到了应该对住房自有浪潮作出反思的时候了。事实上，随着住房自有化的推进，那些关于住房自有好处的说法，在理论和实践中都受到了有力的挑战。

住房自有模式的社会功能显然是被夸大了。一方面，住房自有模式对居民更积极地融入社区、提升公民责任感、子女教育等方面的积极作用，仅仅是对中产阶级社区模式的一种理想化描述。这种邻里之间的交往、互动是社区文化建设的产物，与居住者较低的流动性直接相关，但和是否自有并无直接关系。住房自有可能提高居住的稳定性，但也并不绝对，当住房成为投机炒作标的后，居住的稳定性事实上并不高，并且在缺乏社区建设的情形下，邻里之间的交往和互动极其有限。在一定的制度条件下，如果租赁住房也能够保持稳定，那么同样可以获得这些社会功能。一个直接的例子就是，我国在实行住房商品化后形成的社区，其邻里间的交往互动并不如传统的公房社区频繁，因为改革前的公房社区居民大都来自同一单位，而商品房社区邻里间大都互不相识，社区组织的发育也较为落后。

另一方面，住房自有在社会功能方面也存在诸多缺陷，甚至带来了十分严重的社会问题。有研究显示，住房自有化率的提高，正是城市蔓延问题的重要原因，因为与自有住房者相比，租房者更倾向于居住在离市中心较近的地方，所以城市中居民的住房自有率越高，城市蔓延就越大。也就是说，住房自有引起了城市蔓延，而城市蔓延会导致一系列城市问题，如城市内部更远的通勤距离、交通拥挤、空气污染以及对农业用地的破坏等现象。同时，住房自有模式在提高居住稳定性的同时，也带来了劳动力流动性的降低、失业率的提高等问题，降低了经济活力和效率，并导致了很多城市社会问题。例如，为了追求在自有住房居住，很多居民就必须在自有住房周边寻找工作，或者只能承受更长的通勤距离，花费更多的通勤时间和交通费用，这不仅加重了城市交通负担，造成了交通拥堵、尾气污染等城市病，而且使居民将大量时间花费在通勤上，较长通勤时间影响工作和生活满意度，降低了居民因居住自有住房而带来的幸福感。因此，住房自有是否能够切实发挥积极的社会功能，增加居民幸福感，事实上并不像其支持者所说的那样乐观。特别是，对于人口较多的大城市而言，住房自有带来的城市社会问题可能更为严重。还有研究表明，因为购买住房的巨大经济压力，压缩了居民对于子女教育的支出，甚至造成年轻人推迟结婚时间，降低了生育率。

另外，住房自有的支持者对于自有住房在家庭资产建设方面的功能认识也显得不切实际。首先，由于政策鼓励住房自有，减少了社会化公共住房供应，增加了租赁住房的难度和稳定性，加之对住房租赁的制度性歧视（比如租购不同权问题），使得居民更多地追求住房自有，增加了购买住房的需求，推高了住房价格，甚至提高了住房的投机属性，进一步抬高了房价。有学者研究了香港的案例，发现越来越多的香港家庭倾向于将资产增值和财产交易所得作为收入和财富积累的一种策略性选择。社会对购买住房的偏好对房价产生了巨大的推动作用，香港的房价在 1997 年之前和 2005 年之后大幅度上涨。因此，居民必须花费巨额资金购买住房，而且要每月偿付月供。由于储蓄与消费是零和关系，所以住房自有压力带来的延迟消费和储蓄效应，不仅不能带来消费的增长，事实上反而压缩了居民的消费能力，降低了居民的福利水平，限制了社会总消费的增长。其实，我国很多城市里也有类似的脚本。其次，对自有住房作为信贷抵押工具的金融支持功能存在误区。因为自有住房并不能带来新的收入或现金流，因此，即使抵押住房获得贷款，也仅仅起到平抑收入生命周期的功能，而不能提高真实可支配的收入水平，反而会带来利息支出，因此根据消费理论，并不存在住房自有对消费的促进功能，购房反而往往是抑制消费的。在我国，类似的状况也显现出来，随着住房价格特别是三四线城市住房价格的高涨和居民为了购置住房大幅度提高负债率，居民的消费能力受到限制，消费水平被降低。2016 年以来，城镇居民收入增长和消费增长相背离的状况，和房价的上涨直接相关。最后，所谓住房的价值增值功能，也仅看到了其对于房产所有者增殖货币权力的一个方面，而没有看到它食利性的方面。住房价格的增长，本质上是地租的增长而非住房本身价值的增长，而地租的增长是不创造财富的，只涉及剩余价值的分配，因此，绝无可能实现由于地租增长带来的普遍性财富提高。也就是说，所谓住房价值增值，其中一定蕴含着拥有住房的阶层对于不拥有住房阶层的价值转移。同时，自有住房价值的增长，也必然导致日益扩大的财富不平等。而一旦住房价格下降甚至泡沫破裂，反而可能对居民造成财富侵蚀，导致那些在错误时机进入房地产市场的居民破产，甚至引发社会问题。这一点，在 1998 年东亚金融危机和 2008 年美国次贷危机中均有表现，房地产价格的大幅度下降，使很多拥有住房的家庭面临负资产的窘境。这强有力地证明了住房自有政策的极大风险。可见，住房自有化浪潮片面强调了住房的资产属性，从而衍生出越来越多的投资甚至投机需求，导致了住房价格的上涨和住房资源的进一步集中，最终背离了住房自有的初衷。更有甚者，住房的商品化和价格上涨，使低收入者暴露于残酷的住房市场之中而难以实现其居住需求，成为需要救助的对象。

总之，关于住房自有的各种支持性观点很难经得起理论推敲和事实检验，根本不是解决住房问题的“灵丹妙药”，不仅不能“包治百病”，过量服用还可能产生恶性后果。因此，必须根据不同国家、不同城市的特征，正确认识住房自有的优劣，设计和实行更为合理有效的住房政策体系。

1998 年住房制度改革之后，我国在住房领域取得了巨大的成就，但也存在过于倾向住房自有、过度依赖商品房市场来解决居民住房需求的问题。这一方面导致了我国住房市场存在重买卖、轻租赁的偏向，阻碍了住有所居目标的实现；另一方面，完全住房自有的政策偏向也导致了住房市场供需失衡，并由此带来了如房价过快上涨、房地产市场投机盛行、挤压消费、加重居民债务负担、加剧城市蔓延和大城市病等诸多不良后果。在我国的特大型和大型城市中，人口众多，城市建成区规模大，劳动力流动频繁，住房自有模式暴露出的问题和缺陷就更多。

鉴于这些问题，习近平总书记在 2013 年就曾提出，要“加快推进住房保障和供应体系建设，要处理好政府提供公共服务和市场化的关系、住房发展的经济功能和社会功能的关系、需要和可能的关系、住房保障和防止福利陷阱的关系”[①]。在党的十九大报告中，习近平总书记提出，在坚持房子是用来住的、不是用来炒的定位的基础上，要加快建立多主体供给、多渠道保障、租购

①《习近平谈治国理政》第 1 卷，外文出版社 2018 年版，第 193 页。

并举的住房制度，让全体人民住有所居。“建立多主体供给、多渠道保障、租购并举的住房制度”这一重要表述，就是对我国1998年住房制度改革中出现的过度追求住房自有及其所引发的房价上涨过快、住房市场投机乱象的纠偏。

因此，要努力实现让全体人民住有所居的目标，在现阶段就应充分认识到以住房自有为主体的住房制度存在误区和局限，在新一轮的住房制度改革中，要把住房自有率调整到一个合理的水平上，而不是一味追求住房自有，从而实现从住房自有走向租购并举，增加供给主体类型、扩宽住房供给渠道，更好解决我国城镇居民，特别是特大型和大型城市居民住房问题。

具体来说，要落实好租购并举这一新的住房制度，最根本的就是要保证可租赁房源较为充分的供应。在社会主义市场经济制度条件下，确保可租赁房源多主体、多渠道的充分供应，需要重视以下两个深层次的问题。

在现阶段，为保证可租赁住房多主体、多渠道的充分供应，在适当引导住房消费模式，改变住房消费偏向自有住房的消费习惯，鼓励群众依靠租赁住房解决住房问题的同时，亟待出台发展租赁住房的相关配套政策，推进租购同权，鼓励住房开发商、居民等社会力量提供租赁住房供给，增加租赁住房供应，提高租赁消费模式的比例。

世界上很多国家依靠运行良好的住房租赁市场实现了住房的多渠道有效供给，德国是此方面的代表。德国的住房自有率较低，而主要依靠住房租赁市场为居民提供适当的住房。其经验包括：在住房制度设计上，避免了对住房投资型需求的歧视，将自住型需求和投资型需求置于同样的政策环境之中，甚至鼓励居民进行住房投资，购买住房然后出租从而获得租金收入；在住房法律法规的制定中，避免了对租户权利的过度保护，强化了对出租方利益的维护。如果法律法规过度地保护租户的权利，如在租金交纳、住房维护以及租住退出等环节更偏向于租户，就会大大降低居民出租自有住房的积极性，从而使租赁市场缩水，不但不能使市场提供足够房源，也将降低居民进行住房投资的意愿。

除了充分调动社会各主体的积极性以扩大可租赁房源之外，政府必须肩负起应有的责任，在租购并举制度中发挥定盘星的作用，加大政府主导的廉租房、公租房的供应规模。2013 年 10 月 29 日，习近平在主持十八届中共中央政治局第十次集体学习时就曾明确强调："保障性住房建设是一件利国利民的大好事，但要把这件好事办好、真正使需要帮助的住房困难群众受益，就必须加强管理，在准入、使用、退出等方面建立规范机制，实现公共资源公平善用。"[①] 落实好租购并举这一住房制度，真正实现住有所居，最关键的在于充足的可租赁住房供应。然而仅仅依靠市场力量提供可租赁住房，容易出现中低端租赁住房供给不足、住房租金高企、居民住房消费负担过重等问题，因此，必须发挥好政府作为租赁房源直接供给方的作用，保障房源较为充分供应，并根据城市发展水平，逐步扩大保障范围，将非户籍常住人口、流动人口纳入其中。一方面，要加大各级财政的支持力度，切实落实廉租、公租住房保障资金，建立财政资金与社会资金相结合的多元化资金筹措机制，大力增加廉租、公租房的建设和供应。另一方面，要加强制度设计，运用先进的大数据、人脸识别、个人信

①《习近平谈治国理政》第 1 卷，外文出版社 2018 年版，第 194 页。

用体系等技术手段，通过廉租、公租住房房源的封闭运行、动态管理、重复循环利用，提高政府住房保障投入的使用效率，引入专业市场化管理机构，努力避免廉租、公租住房在分配、收租、维修、管理、清退等过程中各种问题的产生，也可以避免政府直接介入烦琐的微观事务。

我们看到，在党的十九大精神的指引下，雄安新区已经明确提出要建立租购并举、以租为主的住房消费模式，并且明确个人产权住房以共有产权房为主。深圳市在 2018 年 8 月出台了《关于深化住房制度改革加快建立多主体供给多渠道保障租购并举的住房供应与保障体系的意见》，将住房分为市场商品住房、政策性支持住房（人才住房和安居型商品房）和公共租赁住房三大类，其中政策性支持住房和公共租赁住房占六成，在未来 15 年实现从过去以住房自有为主向租购并举方式的转变。这些正是在对以住房自有为主的住房消费和供应模式的反思基础上，走向更为合理的、社会化的租购并举模式的积极变化和有益尝试。

（三）治理“脱实向虚”，助力实体经济发展

住房问题是经济社会领域的综合性问题，房地产业也是国民经济中的一个特殊的产业部门。因此，在制定住房政策、改革住房制度时，一定要把它放在整个国民经济持续健康发展的大环境中去考虑。

当前，中国经济正由高速增长阶段迈向高质量发展阶段，振兴实体经济是高质量发展的关键。但金融市场服务实体经济的功能却并未充分发挥，“资金空转”“脱实向虚”等金融乱象频现，而其中房地产成了关键一环。

从现象上，我们看到：一方面，房地产行业较高的利润率吸引了大量的资金进入该产业，使得本应进入实体经济的资金被挤占，导致实体经济融资成本和融资难度大幅度攀升。另一方面，大量资金进入房地产业，进一步导致了房地产行业投机炒作盛行，房价、地价轮番上涨。在监管压力下，不同类型的资金通过影子银行、信托等方式层层包装，最终进入房地产业，也是资金在金融体系内空转的重要原因。

在现代经济中，住房和房地产市场已经和金融建立了千丝万缕的联系，某种意义上可以说，住房已经“金融化”了。因此，治理“脱实向虚”、助力实体经济发展，也是住房制度改革和房地产市场管理的题中之义。

首先，因为购买住房需要极为庞大的支出，如果住房被作为商品来生产和交换，那么信用体系的支持就必不可少。因此，信用体系就得以将住房的购买整合进金融资本的流通中，也就是发生了住房的金融化。这就是住房按揭贷款制度的实质，即住房依靠债务融资来购买，并以购买者的未来收入偿还本息。这样一来，地产获得了生息资本的形式，金融资本获得了这种生息资本形式的收益权，城市土地的实际所有权就被整合进金融资本中。当住房成为一种普遍的抵押品之后，其金融属性就大大提高了，完成了住房金融化的准备。

其次，住房的金融化造成了显著的二重性后果。一方面，金融和信用体系促进了房地产业和住房事业的发展，为居民购买住房提供融资，促进了住房消费基金的形成，同时也为住房的生产部门提供融资，扩大了住房生产能力。但另一方面，在房地产的金融化程度发展超过一定限度之后，就会产生反作用。居民为购买住房过度负债，结果不仅是造成自身债务负担加重，而且住房价格由于信用扩张导致需求增加而越发高涨，反而抑制了居民实际住房水平和生活水平的提高。而且，由于住房按揭成为金融资本的重要获利途径，因此，金融资本将住房金融化发展到过度水平的动力十分强烈，在金融资本主导的体制下，住房领域的过度负债现象十分普遍。除了生产资本在生产领域对工人生产的剩余价值进行占有和剥削之外，由于工人利用金融信贷购买住房而被迫广泛卷入金融机制中，金融资本对其进行二次剥削。随着这一制度的发展，地租被并入了金融资本。例如，在英国和美国，房地产大约占据了银行贷款的70%，是银行贷款最主要的市场和利润来源。

再次，住房的金融化带动了土地的金融化。土地是房地产业的基础，土地价格也是房地产价格中的重要组成部分。上文中我们已经提到，土地是自然界的一部分，其本身并不是商品，只是通过地租资本化方式虚拟为商品并通过市场交易其所有权，这是土地金融化的逻辑起点。在我国，房地产开发商主要通过“招拍挂”的方式取得土地，并以此进行住宅开发建设。但房地产开发商在购置土地时，大量使用银行贷款、信托等非自有资金，这就大大提高了土地市场的杠杆率，从而推升土地价格非理性上涨，使地王频出，土地市场投机炒作盛行。土地市场的金融化，不但通过提高土地价格推高了房价，加重了居民购置住房的负担，也导致金融体系高杠杆和抵押品土地的虚拟化，增加了系统性金融风险。

最后，由于以土地和住房为底层资产的金融衍生品及其市场的发展，进一步加深了住房的金融化程度，使房地产与金融高度融合共生，房地产市场和价格的波动，由于金融杠杆效应被剧烈放大，成为金融风险之源。在金融衍生品交易发达的市场中，住房按揭贷款被组合成为新的金融衍生品，大大加剧了住房的金融化程度，酝酿了更大的系统性金融风险。以美国为例，大量住房是通过向银行申请贷款购买的，因此银行就持有大量住房抵押贷款资产。为了增加抵押贷款、抵押资产的流动性，美国在此基础上成立了联邦国民抵押贷款协会（FNMA），即后来的房利美，并由此产生了购买和出售住房抵押贷款资产的二级市场，这一二级市场的发展大大加速了房地产的金融化进程。接下来，房利美、房地美（简称“两房”）向银行购买住房抵押贷款资产，通过打包构成资产组合，发行抵押贷款支持证券（MBS），并以此衍生出机构担保抵押贷款债券（CMOs）。在衍生品的层层叠加衍生过程中，杠杆因乘数效应被剧烈放大。而一旦底层资产及住房抵押贷款出现问题，整个金融市场就会出现系统性金融风险。美国在2000—2007年的房地产繁荣周期中，发行了大量次级贷款，形成了质量较差的抵押贷款资产，这些底层资产以上述类似的方式，衍生出了债务担保证券（CDO）和信用违约互换（CDS）等金融衍生产品。结果，2007年住房市场价格下跌导致大量次级贷款违约，最终酿成了美国2008年金融市场的巨大危机。

在金融和信用广泛参与房地产业的条件下，房地产业与金融融合共生的趋势不断强化，这将带来两个严重问题。一是由于信用的二重性，其在帮助居民改善居住条件、促进房地产业发展的同时，也会形成居民债务负担，并为住房的金融化准备条件。二是随着住房金融化程度的不断提高，整个房地产 - 金融体系的风险也会由于杠杆率的不断扩大而成倍增长。在我国，住房金融化形成了脱离于实体经济的自我循环，加之房地产业的高利润率，进一步引起了整个经济中金融资源向房地产的大量流入，从而导致了整个经济的“脱实向虚”。金融偏离了服务实体经济的功能定位，不但加重了实体经济获得金融资源的困难，提高了实体经济融资成本，还加大了金融体系的风险。正因如此，必须遏制房地产的金融化趋势，规范房地产业与金融业的关系。住房信用业务的发展要服务于解决人民群众住房需求这一定位，为住有所居目标的实现提供信贷和金融服务；住房不应被作为金融产品，更不应被当作投机炒作的工具，在政策设计上应该有所限制。比如，当前住房信贷对首次置业的优惠政策和对投资、投机性购房的限制政策，都有助于促进“房子是用来住的”这一定位的落地，并限制“炒房”行为。

另外，我们看到，把住房按揭贷款金融衍生品化，本质上并无助于住房居住功能的实现，反而进一步加剧了房地产的金融化程度，大大增加了金融体系的风险。2008 年美国次贷危机的殷鉴不远，我们应提高警惕。与美国相比，虽然我国当前的房地产金融化程度并不太高，但由于房地产的利润率较高，大量资金通过各种方式流入房地产业，是导致经济“脱实向虚”的关键一环，同时也推升了房地产业的杠杆率，甚至反过来绑架了金融。比如，开发商利用贷款购置土地，利用开发贷和住房预售款（买房人的住房按揭贷款）建设开发，整个过程主要依靠银行信贷，杠杆率极高，这种方式不仅使大量信贷资源被房地产挤占，而且房地产市场一旦出现问题，银行风险就会很高。

所以，房地产业和金融业的发展都要回归各自本源，住房要回归居住使用价值，金融要服务好实体经济，在实体经济发展中分享其发展红利，而不是把房地产金融化、把金融房地产化，把大量金融信贷资源投入房地产业，大量依赖房地产获取利润。这种脱实向虚的做法，终究是无本之木、无源之水。

（四）避免短期刺激，探索长效机制

住房问题牵涉面广，情况复杂，要真正实现让全体人民住有所居的目标，除了制度建设外，对房地产市场的管理也至关重要。我们已经说过，房地产市场不是一般商品市场，其特殊性要求政府需要对其市场秩序进行微观监管，并对其发展进行宏观调控。一直以来，房地产市场都备受人们关注，国家和各地方也都出台了各种各样的监管、调控办法，但仍未能从根本上解决问题。其中一个突出的问题就是，在经济下行时，房地产常常被作为刺激经济的短期手段，刺激之后又造成房价飞涨，市场秩序混乱，只好再次祭出调控大招，使得房地产调控政策短期化、行政化、工具化特征明显，甚至被戏称是需时则用、不需则弃的“夜壶”，“一管就死、一放就乱”的现象仍比较突出。

这个问题的产生，根源在于对房地产与实体经济的关系存在模模糊糊、似是而非的看法。比如，有人认为房地产业是生产住房这一实实在在的商品的，因此应属于实体经济。从经济核算的规则来看，住房本身的建造主要体现为建筑业的产品，而房地产业增加值仅包括房地产开发与经营等活动。因此，从经济核算角度，房地产业被统计在第三产业中。学术界常常将房地产业与金融业、保险业并列，称其为“广义金融部门”（Finance，Insurance，Real-Estate，FIRE）。但是，仍有人会强调，房地产业涉及行业多、产业链条长，与消费、投资联系紧密，和实体经济间存在重要的联动作用。比如，房地产业的上游产业主要是建

筑业，而建筑业又连接着水泥玻璃等建材业、钢铁业和用于建设的工程机械行业。房地产的下游产业主要是由住房建设完成后的配套设施和服务构成，比如，装修装饰、家具家电、物业服务等行业。因此，房地产业的发展，有助于拉动其上下游实体经济各个产业的发展，房地产投资也是构成总需求的重要一环，从而对经济增长有重要的拉动作用。另外，房地产业也是城市基础设施建设的重要资金来源。政府运用土地出让金收入，进行城市基础设施建设投资，是固定资产投资中的重要部分。因此，房地产本身虽属虚拟经济范畴，但却常常被当作刺激实体经济、拉动经济增长的短期手段，特别是在经济下行时，往往通过刺激房地产需求来稳增长。

这种看法只看到了问题的一面，缺乏辩证和系统性的思维。那么，应当如何看待这一问题呢？

从理论上说，对于房地产而言，除去住房本身作为一般商品的那部分价值，房地产价值或价格中主要体现土地价格的部分是虚拟的，属于虚拟经济范畴。作为虚拟经济范畴的房地产业是拉动经济增长的重要因素，但它与实体经济关系的失衡会成为制约实体经济发展的因素。

如何理解这一辩证关系呢？一方面，住房是劳动力再生产的必需部分，因此，住房价格或住房租赁价格（二者之间通过利率相互联系）水平直接构成劳动力再生产成本即工资水平的重要部分。而过高的房价，转化为高企的居住成本，势必在中长期成为提高实体经济劳动力成本的决定性因素。而对于那些劳动力价格敏感的劳动密集型实体经济而言，由于房价和居住成本上涨推高了工资水平，就将导致实体经济利润率下降，产品国际竞争力下降，从而对实体经济的生存空间构成了挤压。另一方面，工资水平在短期内由于黏性无法上涨时，房价和居住成本的上涨会对工人的其他消费产生挤出效应。特别是当家庭因购置住房而用尽“六个钱包”并且背负高额负债时，高房价对于消费的挤出作用就会更为显著。数据显示，2018 年年末，我国个人住房贷款余额为 25.8 万亿元，占住户部门债务余额的比例为 53.9%。住房贷款的攀升是我国居民部门杠杆率快速增加的主要因素，对居民的消费支出产生了显著的挤出作用。因此，从微观来看，高房价导致的消费挤出，会造成工人劳动力再生产水平的下降，导致某种程度的萎缩再生产，比如营养摄入下降、劳动时间延长（为赚取更多收入），甚至劳动力的代际再生产萎缩——房价的上涨，将使居住条件下降，进而导致生育意愿和生育率降低，已经有研究证实了这一点。从宏观来看，高房价则会导致消费不足而引起的经济增长下滑。从结构优化来看，高房价导致的消费萎缩将进一步加剧经济结构失衡，造成其向消费拉动型经济增长的转型无法实现，影响经济新动能的形成和培育。

住房的居住属性是住房开发建设和房地产业的基本定位，长期来看，基于居民收入不断提高带来的住房需求，会经由房地产开发和住房建设形成对经济增长和实体经济重要的拉动作用，因此，住房需求是长期经济增长的重要动力。但是，房地产业不应也绝不能成为短期刺激经济的手段，这种对房地产过度依赖的做法，会通过高房价推高居住成本，从而对实体经济造成严重负面影响。一方面，推高实体经济成本，降低实体经济利润率和竞争力；另一方面，挤出居民消费，导致消费不足，不仅损害正常的劳动力再生产条件，而且会直接降低经济增速并加剧结构失衡。

要让人民对美好生活需要中的住房需求成为拉动经济增长的长期良性动力，推动经济增长方式向消费拉动型转型，就要把实体经济搞上去，而不能将房地产作为短期刺激经济的手段，否则将犯下饮鸩止渴的错误。

在不将房地产作为刺激经济的短期手段的同时，还要建立起长效管理机制，如此才能保证房地产市场平稳有序发展，让房地产市场发展为实现让全体人民住有所居服务。那么，什么样的政策才能起到长效机制的作用呢？我们认为，至少应从以下几个方面着手。

第一，土地供应机制。住房的突出特点是需要建立在一定的土地之上，因此，土地供应制度的改革是建立房地产长效机制的基础。要形成以人为核心、以人定地的土地供应制度，以城市居民住所有居目标的实现确定城镇建设用地特别是住宅用地规模。2013年，习近平总书记针对这一问题就曾指出："要完善土地政策，坚持民生优先，科学编制土地供应计划，增加住房用地供应总量，优先安排保障性住房用地。"[①] 当前，一、二线城市土地供小于求，地价较高，因此其主动加大土地供应的意愿并不高。而一些三、四线城市，面临较大的财政压力，往往倾向于出让大量的土地。前者造成一、二线城市地价高涨推高房价，后者造成三、四线城市住房无序开发，形成大量空置浪费。因此，以人定地的土地供应模式的形成，能从根本上改变上述问题。同时，在土地供应紧缺的城市，要进一步探索多主体土地供给的制度设

①《习近平谈治国理政》第1卷，外文出版社2018年版，第193—194页。

计，包括农村集体建设用地入市、宅基地入市等。

第二，住房保障机制。建立健全的保障房供应体系，是保证房地产平稳健康发展和实现让全体人民住有所居的关键。低收入阶层的基本居住难以通过市场机制实现，需要有住房保障体系予以保障，如果保障房供应不足，不仅低收入阶层的住房问题难以解决，而且会将大量需求引入房地产市场，造成房价上涨预期强烈，导致房价暴涨、囤积炒作。当前，我国基本建立了以廉租房、公租房、共有产权房、经济适用房等为主要供给方式的住房保障体系，但从总体上看，保障房供给量占比仍然偏低，供给积极性不足，还需要进一步加大力度，增加保障房供给类型和供给数量，改进保障房运行和管理方式。有充足的保障房托底，房地产市场才能"脱敏"回归正常，实现"让全体人民住有所居"的目标才能更有底气。

第三，金融机制。我们已经分析过，在现代经济中，住房已经与金融息息相关。因此，要建立房地产管理的长效机制，完善住房金融制度是关键一环。要利用首付比例、利率等市场化信贷手段，建立稳定的支持自住需求、限制投资需求、遏制投机需求的住房贷款制度，可视房地产市场变化有所微调，但政策框架和力度要保持稳定，避免出现政策反复。要全面落实金融服务实体经济的政策，要将促进住房供应、抑制投机炒作为着眼点，对于房地产开发商的资金需求应区别对待，严防资金违规流入房地产业。

第四，税收机制。设计合理健全的房地产税收制度是房地产管理长效机制的重点。一方面，土地财政问题是建立长效机制的最大难点，这轮改革必须痛下决心，通过央地财政关系、财税制度等系统性改革解决地方政府对土地财政的依赖；另一方面，要尽快研究住房相关税收制度，如空置税、增值税、房产税等，利用税收杠杆规范住房市场秩序，保护住房居住功能，惩罚住房投机行为。

第五，城乡一体化机制。在城市化进程中，一定要处理好城市与乡村一体化发展的问题，处理好特大城市、大城市与小城镇协调发展的问题，只有这样，才能在城市化过程中，避免人口过度向少数城市集中，实现人口较为均衡的分布，这是解决住房问题的根本条件。我国应当发挥中国特色社会主义制度优势，对国民经济、人口分布的空间结构进行基于社会理性的布局、规划、引导。党的十九大重申了关于城乡一体化的发展思路，特别是党中央针对北京城市定位、功能发挥和大城市病问题，提出了京津冀协同发展战略，并超前谋划建设雄安新区，这都是对这一问题的深刻思考。

五、他山之石：住房制度建设的国际经验

（一）德国：以租赁住房为主的住房供给模式

当前，建立多主体、多渠道、租购并举的住房制度是房地产长效机制建设的关键。在这一点上，德国是通过住房租赁措施来解决住房问题的国家中的典型成功案例。目前，德国的住房自有化率也只有 40% 多，大部分居民的住房问题是通过租赁来解决的。因此，我们希望通过对德国租赁住房制度的梳理，更好地借鉴德国在这些方面的成功经验。德国住房租赁市场发展的主要措施有以下几个方面。

第一，租房供给的主体主要是房地产企业，但是政府会给予企业建设保障性租赁住房一定的政策优惠。在德国，出租房源中有 90% 以上是私人住房，真正由政府出租的住房占比很低。但是，德国有一系列的法律和制度来保证租赁房源的充足。根据德国法律规定，住房合作社建造的住房必须用于出租而不能出售。德国住房合作社每年建造的房屋数量占全国新建房屋总数量的 1/3 左右，如此庞大数量的房屋只能用于出租，这就为保障出租房源的充足与稳定起到了非常重要的作用。此外，地方政府也会规定，房地产企业在建造住房时，必须预留一定比例的住房用于出租给低收入者。同时，政府会给予这些企业一系列的优惠条件，比如长期的低息贷款、土地优惠以及免税等。[①]

第二，德国政府对住房租赁市场进行严格监管，严控住房租金。德国制定了《社会房屋租赁法》，对住房租赁行为进行法律层面的规制。在德国，由市政部门、房东协会、租客协会以及房屋租赁中介机构等，根据房屋情况和市场情况，确定房租合理价格表，每套房屋的租金都要参考该价格进行调整。如果房东不参考该表而随意制定价格，就可能受到法律的惩罚。如果房东的房租超过合理价格的 20%，就可能构成违法，如果超过 50% 而不及时纠正，甚至可能构成犯罪。政府会对租赁市场进行严格的监管，从而有效保护租房者和房东的合法权益。比如，德国法律规定房东不能随意涨房租，涨幅不得超过 10%，且 15 个月之内只能调价一次，3 年之内不允许涨幅超过 20%。

---

① 李讯:《德国住房租赁市场发展的主要经验及启示》,《金融发展研究》2011 年第 10 期。

第三，政府主要通过提供房租补贴的方式解决低收入者的住房问题。提供房租补贴是目前德国政府保障低收入居民住房权利的主要方式。根据法律规定，德国公民家庭收入不足以租赁适当住房者，都有权享受住房补贴，补贴数额根据家庭收入、房租金额、住房大小和家庭成员的数量来确定。具体来说，政府会根据低收入家庭的具体情况，确定一个可以承受租金的数额，一般按家庭收入的 25% 来计算，然后与该家庭适当住房的实际租金对比，后者与前者的差额由政府负担，通常房租的补贴资金由联邦政府和地方政府各负担一半。

德国通过以租赁为主的方式，很好地解决了居民住房问题。在 2008 年金融危机中，德国房地产市场保持了稳定。建立多主体、多渠道、租购并举的住房制度建设，是房地产管理长效机制的关键。德国经验启示我们，租赁与自有并重，租购并举才能满足多层次住房需求，实现住有所居的目标。而以租赁方式解决住房问题的关键，在于提供较为充足的可租赁房源，并对住房租赁市场进行严格的监管，保护并平衡房东与租客的权利。德国在鼓励促进可租赁房源供给方面，有效地将政府作用与市场机制结合起来，并鼓励社会团体广泛参与，这些做法很有借鉴意义。

（二）新加坡："组屋"与公共住房制度

新加坡公共住房制度是其住房制度最大的亮点，对我国改革、完善现行的住房保障体制具有很强的借鉴意义。

在新加坡，政府是最大的房地产市场开发商。建国初期，新加坡政府就掌控了大面积土地，从而确保了大规模公共服务建设计划的有效执行。1964 年，新加坡政府宣布实行"居者有其屋"

计划，鼓励中低收入阶层以分期付款方式购买政府“组屋”。“组屋”是由新加坡建屋发展局管理运营的。时至今日，“组屋”的建设和管理都已经达到了很高的标准，也仍在不断地完善。新加坡总人口的近80%居住在政府的“组屋”里，而且，“组屋”住户中有90%以上是这些“组屋”的所有者。

“公共组屋”价格由政府统一规定，一般以低于市场价出售或出租给中、低收入者。申请“组屋”受以下几个因素的制约：一是公民权。申请者必须是新加坡公民，而共同申请的其他成员必须在新加坡居住。二是无私有房产。即使是放弃私有房产再申请购买“组屋”的申请者，也必须在30个月后才能申请购买。三是收入水平。家庭月总收入超过收入限额标准的家庭不能申请购买“组屋”。四是家庭构成。可供购买的“组屋”户型包括二房式（1房1厅,45平方米）、三房式（2房1厅,60—65平方米）、四房式（3房1厅，90平方米）、五房式（4房1厅，110平方米）和公寓式（130平方米），面积都很小。此外，政府还为低收入家庭建有一房（33平方米）用于租借。“组屋”的产权是受到限制的，政府允许住满5年以上的屋主，在公开市场上转售其物业。很多人出售他们的“组屋”，并将收益继续投入私人住房市场，这种替换是公共住房市场和私人住房市场的一个重要连接。“组屋”在转卖时，需要向政府缴纳10%—25%的附加费。如果在不满5年时卖掉“组屋”，政府规定屋主只能将“组屋”回卖给政府，政府照原价收回。“组屋”的价格由国家环境发展部综合多方面因素决定。由于“组屋”价格不包括征地成本，且低于建筑成本，因此，其价格比同类商品房低50%—70%，符合条件的购房者还可以向新加坡建屋发展局和商业银行申请优惠按揭贷款。

近年来，新加坡人开始追求更优质的住房条件，政府推行了“组屋”翻新计划和优质“组屋”的新建计划，一定程度上满足了人们对高品质住房的需求。另外，新加坡政府还于 1995 年推出了一种介于“组屋”和私人住房之间的混合型物业，即共管公寓，以满足既不符合“组屋”申请条件，又买不起私人住房的公民住房需求。

新加坡公共住房成功的关键在于，在其整个住房供应体系中，公共住房所占比重远远大于私人住房，正因如此，才能保证住房的市场失灵问题不会引发整个住房体系混乱，而如果保障性住房占比过低，就显然无法对商品房市场产生足够的牵制和矫正作用。当然，新加坡公共住房的成功，受其作为城市国家的独特因素影响，在学习借鉴时亦需考虑。

（三）美国：宽税基、少税种的房产税制度

房地产相关税收制度的改革，是建立房地产管理长效机制的重要环节，也是当前热议的重点话题。美国是设立房产税制度较为成熟的大国，其房产税制度对于我国房产税改革具有很强的借鉴意义。美国的房产税制度有如下主要特点。

第一，从征税目的上看，美国的房产税是政府财政收入的主要来源之一，其税收主要为公共服务和基础设施提供资金支持，属于财产税税种，是地方税。

第二，从征税对象来说，美国房产税的征税对象主要是土地和房屋，采用房屋和土地合并征税的模式，无论是城市还是农村，除对公共设施、宗教组织、慈善机构等的不动产实行免征外，其他不动产均需征税，但税收的种类较少，在不动产持有环

节只征收财产税。这构成了美国房产税最显著的特点，即“宽税基、少税种”。这样的原则特点，使美国房产税的规模稳定、征收成本较低且能避免重复征税。

第三，从计税依据来说，美国是以房地产评估价值作为计税依据的。房产评估价值分为土地价值和房屋价值两部分，由专业机构每年对其进行评估，然后按照评估值的一定比例确定税基，这一比例在美国各州有不同的规定，差异较大。

第四，美国房产税的税率在不同地区各不相同。美国大部分地区房产税税率介于 0.8%—3.0% 之间，以 1.5% 居多。各地区税率根据以支定收原则计算，地方政府根据预算支出计算出该地区房产税总额，再除以该地区房产评估价值，即得到房产税税率，州政府仅对房产税税率设定最高限额。

当前，我国正处在房产税改革及其立法的关键时期。美国的房产税制度设计以宽税基、少税种为基本原则，这对我国房产税改革有重要的启示。一方面，宽税基有助于保证税源稳定充足，从而使房产税真正成为地方政府的主要税源，解决其对土地财政的依赖问题。另一方面，少税种有助于房地产相关税收的规范化、合理化，从而降低征税成本。

六、结语

住房问题乃民生之要，关系着千家万户的生活质量。良好的住房条件，是小康社会的重要组成部分，也是人民群众美好生活的基础和保障。改革开放以来，特别是 1998 年住房制度改革以来，我国居民的住房面积、户均套数、住房品质都有了飞速的发展，住房条件得到大幅度改善，我国住房领域可谓发生了巨变。这一巨变，是全面建成小康社会的重大成就。不仅如此，这一巨变还支撑了我国超大规模的城市化进程，使城市面貌焕然一新，并促进了房地产市场蓬勃发展，有效拉动了经济持续增长。

但是，在人民群众住房条件大幅度改善的同时，我们也必须看到，随着城市化的快速推进，大量人口从乡村向城市流动，从中西部地区向东部沿海地区转移，从中小城镇向大中城市集中，由此也造成我国居民住房条件改善存在着显著的不平衡、不充分问题。主要表现为：住房价格高、涨幅大，特别是一、二线中心城市住房需求量大、集中，高房价问题突出，部分居民依然面临住房难的问题；住房供应体系建设仍不成熟，住房供给渠道、供给主体较为单一，住房保障的体制机制和保障能力与水平仍有待提高。住房和房地产业的发展，出现了过热甚至畸形的问题，一些地方经济过度依赖房地产，地方政府过度依赖土地财政，甚至使大量资金流入房地产市场，导致经济“脱实向虚”。我国房地产市场秩序和监管还存在短板，市场投机炒作之风盛行，房地产调控政策出现短期化弊端，缺乏长效制度安排。这些问题，都影响让全体人民住有所居这一基本民生目标的实现。

党和政府高度重视民生工作，始终把解决和改善人民群众住房问题置于改革和发展政策考量中的重要地位。特别是近年来，针对住房领域存在着的制约居民住有所居目标实现的种种问题，下决心通过调整房地产业功能定位、完善住房制度建设、研究出台长效调控机制等，促进房地产市场平稳发展，促进住有所居目标的实现、不断改善人民群众住房条件，助力人民群众对美好生活向往目标的实现。

习近平总书记多次强调，住房问题既是民生问题也是发展问题，关系千家万户切身利益，关系人民安居乐业，关系经济社会发展全局，关系社会和谐稳定，提出了“房子是用来住的、不是用来炒的”的定位，并将其写入了十九大报告。房地产市场的发展，既是经济增长的重要支柱，又是地方财政的重要支撑，在国民经济、城市发展、基础设施建设等方面都发挥着重要作用，也作出了积极贡献。但是我们进行住房制度改革，发展房地产市场的根本目的，还是要提高人民群众住房条件，不断改善民生。这是我们改革和发展的初心，也是住房的基本功能，更是我们一以贯之、始终坚持的以人民为中心的发展理念。所以，我们不能忘记这个初心，不能偏离这个中心。“房住不炒”这一提法进一步明确了这个初心和中心。

当前，围绕“房住不炒”，住房的功能定位向居住聚焦，多主体、多渠道、租购并举的住房保障制度不断完善，房地产与金融关系得到界定与厘清，房地产管理长效机制正在探索与建立，以让全体人民住有所居为目标的一轮新的住房制度改革正在全国展开。住房问题是重大民生，连着民心。在全面建成小康社会的历史节点上，人们对美好生活、更好居住条件的期待，比以往任何时候都更加强烈。相信在习近平总书记以人民为中心发展理念和党的十九大精神的指引下，我们必定能解决好住房发展中存在的各种问题，实现让全体人民住有所居的目标，实现人民群众对更好居住条件和更加美好生活的期待。

第四章

生态：生态文明与全面小康

要把生态环境保护放在更加突出位置，像保护眼睛一样保护生态环境，像对待生命一样对待生态环境。

——习近平

小康全面不全面，生态文明是关键。随着我国经济的高速发展和人民物质文化生活水平的普遍提高，人民群众对美好生活的向往转化为更高层次、更高品质的生活需求。其中，对良好生态环境的迫切需求已经成为当前阶段人民群众的主流意愿。

党的十八大以来，以习近平同志为核心的党中央在深刻总结人类社会发展规律和文明演进规律的基础上，立足我国国情的实际动态变化，深切回应人民的主流诉求，在统筹全面建成小康社会过程中，将生态文明建设纳入中国特色社会主义“五位一体”总体布局和“四个全面”战略布局中。为彻底根除生态环境不断恶化给我国社会经济持续健康发展带来的危害，习近平总书记站在时代的高度提出了“绿水青山就是金山银山”“山水林田湖是一个生命共同体”“良好生态环境是最普惠的民生福祉”“坚持人与自然和谐共生”等一系列关于我国生态文明建设的新理念、新思路、新战略，逐步形成了习近平生态文明思想，这是新时代中国共产党人关于生态文明建设的集体智慧结晶。

党的十八大以来，立足于既往建设成就，我国在治理思路、制度建设和重大生态工程项目等生态文明建设的主要方面取得了实质性突破，主要包括大气污染治理初见成效、碳排放市场交易制度启动运行、生态补偿系统深化和重大生态工程建设全面展开等。然而，我们还必须看到，我国生态文明建设的任务依然任重道远，在系统、全面地处理生态领域长期积累的大量问题的同时，系统地优化、夯实生态文明建设的制度基础，通过改革逐步完善我国环境保护和生态文明建设的体制机制更具有现实意义。

从我国生态文明建设的实际情况出发，我国生态文明建设的基础制度体系总体上存在两大方面的基本问题：一是环境保护的基础制度建设亟须完善与调整，其中重点在于涉及环境保护的主体责任、监察以及惩处机制的基础法制建设有待完善与优化；二是多元共治的环境保护和生态建设机制有待尽快形成。目前，在以习近平同志为核心的党中央的领导下，上述工作正在紧锣密鼓地有序展开。我们坚信，在全面建成小康社会的过程中以及之后，我们一定能够汲取人类历史上环境保护领域的经验、教训，在习近平生态文明思想的指引下，完成经济发展方式的绿色转型，推动绿色发展，建设美好家园。

一、生态文明与全面小康：生态文明对于全面建设小康社会的重大意义

习近平总书记在党的十九大报告中指出：“经过长期努力，中国特色社会主义进入了新时代，这是我国发展新的历史方位。”“我国社会主要矛盾已经转化为人民日益增长的美好生活需要和不平衡不充分的发展之间的矛盾。”“既要创造更多物质财富和精神财富以满足人民日益增长的美好生活需要，也要提供更多优质生态产品以满足人民日益增长的优美生态环境需要。”[①] 生态文明已经成为新时代我国民生建设的关键内容，更是全面建成小

① 习近平：《决胜全面建成小康社会　夺取新时代中国特色社会主义伟大胜利——在中国共产党第十九次全国代表大会上的报告》，人民出版社2017年版，第10页。

康社会的重要标志之一。

在现阶段我国实际国情条件下，良好生态环境对于整体提升民生福祉起着关键性作用，有着根本性意义，已经成为全面建成小康社会的必要条件。习近平新时代生态文明思想正是呼应新时代人民群众对环境诉求，针对全面建设小康社会的目标导向，赋予了生态文明建设全新的民生内涵，成为衡量全面小康的基础价值判断。

（一）良好生态是人民追求美好生活的时代需求

良好的生态环境是人类社会可持续发展的必要条件和基本保障。经过 40 多年的改革开放和生产力水平质的飞跃与发展，中国特色社会主义已经进入了新时代，广大人民群众对生活的追求已经从以前的“求生存”发展到现在的“求生态”，从过去的“盼温饱”到今天的“盼环保”，从过去对生态问题缺乏正确认知到如今的热烈讨论，民生诉求已经发生了质的变化。民生问题的主题或者中心正在“上移”，人民的需求层次正在提高。民生已经由“经济民生”转变为“生态民生”，广大人民群众对良好生态环境的需求已经成为进一步提高生活质量，实现美好生活的根本前提。在社会主义现代化建设进入新时代的背景下，良好的生态环境关系到每一个人的切身福利，是全面建成小康社会的根本要求。

2012 年 11 月 15 日，习近平总书记会见中外记者时以通俗的语言对全面小康建设的具体目标追求进行了概括与总结，明确提出：“我们的人民热爱生活，期盼有更好的教育、更稳定的工作、更满意的收入、更可靠的社会保障、更高水平的医疗卫生服务、更舒适的居住条件、更优美的环境，期盼孩子们能成长得更好、工作得更好、生活得更好。”[①] 其中，“更优美的环境”是人民群众对于幸福生活的期盼，这一新愿景成为当今社会民生建设新的奋斗目标和不竭动力。

习近平总书记通过形象的比喻，将生态问题人格化，将民生问题自然化，贴切通俗地阐明了生态环境对于民生发展和全面小康社会建设的重要性，明确指出：“环境就是民生，青山就是美丽，蓝天也是幸福。”[②]“要把生态环境保护放在更加突出位置，像保护眼睛一样保护生态环境，像对待生命一样对待生态环境。”[③] 把生态环境和民生问题的相互关系从理论思辨层面转化到人民群众的现实社会生活层面，宣示了我们党保护生态民生的决心和信心。

习近平总书记强调良好生态环境是最惠普的民生福祉，深刻揭示了保护生态环境的民生本质以及生态问题与民生问题的有机统一，凸显了生态环境问题在我国进入社会主义现代化建设新时代的条件下的重要性和紧迫性。良好生态环境在现实生活中已经成为决定人民幸福生活的重要内容和评价指标，追求良好生态环境在很大程度上就是追求美好的幸福生活。我们党只有团结带领各族人民创造更为优越、更为安全的生态环境，切实提升人民的生态获得感、幸福感和安全感，才能建成真正意义上的全面小康。

---

① 《习近平谈治国理政》第 1 卷，外文出版社 2018 年版，第 4 页。

② 《习近平谈治国理政》第 2 卷，外文出版社 2017 年版，第 209 页。

③ 《习近平关于全面建成小康社会论述摘编》，中央文献出版社 2016 年版，第 176 页。

党的十八大以来，以习近平同志为核心的党中央坚持以人民为中心的发展理念，提出、阐述了一系列关于生态民生的新观点、新战略，揭示了生态与民生的内在逻辑关系，为正确处理好生态保护和改善民生的关系指明了发展方向；坚决维护最广大人民群众合理的生态权益，在生态文明建设中致力于提高生态服务的生产能力、供给能力，保障人人可以平等享有，坚持生态惠民、生态利民、生态为民，加大了人民群众的生态安全感。我国生态文明建设的强力推进，促使人民群众对蓝天、绿水、青山、净土的向往逐步成为现实，增强了人民群众的生态获得感；良好的生态环境意味着新鲜的空气、干净的水、绿色的食物、安全舒适的居住环境，这些是人民群众追求美好生活的必需品，是全面建成小康社会的生态基础。

（二）生态安全是全面小康的基本前提

人民群众对小康社会的向往更多的是在基本物质文化生活水平普遍提高的前提下，得到更多、更好的生态供给与安全保障。在整个国家安全系统中，生态安全是社会经济稳定、健康发展的前提条件，具有基础性的地位。生态安全是民生幸福和社会经济发展的支撑，是政治安全、经济安全以及社会安全的基础。习近平总书记深切呼应新时代人民群众的重大关切，在全新的战略高度上，强调生态安全在总体国家安全体系中的关键作用，指出："贯彻落实总体国家安全观……既重视传统安全，又重视非传统安全，构建集政治安全、国土安全、军事安全、经济安全、文化安全、社会安全、科技安全、信息安全、生态安全、资源安全、核安全等于一体的国家安全体系。”[①]

生态安全是指生态系统维持安全且完整的状态，确保民众生产发展不受生态污染的影响。在经济利益的驱动和现有清洁生产技术的约束下，我国粗放型经济发展模式曾经过度开发利用生态环境，导致了严重的生态破坏。空气 PM2.5 含量严重超标、污染严重、雾霾频发、呼吸道疾病高发；工业污染物的肆意超标排放，以及农业生产中农药、化肥的过量使用超出了土壤的代谢能力，导致水和土壤污染严重，这些已经严重影响到广大人民群众的身心健康。如果生态环境持续恶化，进一步危及人民群众的健康生活，必然会激起人民群众的不满情绪，成为诱发群体事件、影响社会稳定的重大隐患，并最终危及党的执政安全，从而摧毁经济稳定健康发展的社会环境条件，普惠民生的进步与发展将无从谈起。

生态是民生之本，是全面建成小康社会的重要标志，只有彻底解决好生态建设问题，才能从根本上改善民生，提高人民群众的生活质量，才能顺应人民群众对美好生活的向往。习近平总书记要求广大党员干部，时刻将生态安全抓在手上、放在心上，全党戮力同心，构建科学合理的生态安全格局，在大刀阔斧地解决过去发展遗留的生态问题的同时，切实转变经济发展模式，摒弃过去“边污染边治理”的黑色发展模式，坚持新型绿色发展道路，在长期内确保生态安全，从根本上改革、创新市场化生态建设体制机制，形成预防为主、防治结合的生态建设长效政策机制，奠定绿色发展的制度基础。

①《习近平谈治国理政》第 1 卷，外文出版社 2018 年版，第 201 页。

（三）良好生态环境是最公平的公共产品

2013 年 4 月，习近平总书记考察海南时指出："良好的生态环境是最公平的公共产品。"[①] 习近平总书记将生态环境视为一种"公共产品"，在法理意义上将生态环境建设纳入政府的基本职能范畴，从公共产品服务供给的角度出发，将清新的空气、干净的水源、绿色的食品等全体社会成员对良好生态环境的需要具体化，体现了我们党坚持以人民为中心的发展理念。同时，我国在制度层面第一次将生态环境列为国家九项基本公共服务之一写进"十二五"发展规划，为建立适应时代需求和发展需要的公共生态服务供给体系奠定了法制基础。

随着我国社会经济的发展，社会公平问题成为人民群众十分关注的问题。生态公平是基础性的社会公平，核心是生态权利的平等享有以及相应生态义务与责任的履行与承担，普遍存在于社会不同地区之间、阶层群体之间、代内和代与代之间。生态公平的实现是全面建成小康社会的题中应有之义，是促进人与自然和谐共处、实现长期可持续发展的重要条件。

为中国人民谋幸福，为中华民族谋复兴，是中国共产党人的初心和使命，也是改革开放的初心和使命。民之所望，改革所向，在以习近平同志为核心的党中央领导下，我们党始终坚持以人民为中心的发展理念和价值导向，针对新时代我国社会主流民生诉求向生态环境的转移，基于保障民生幸福的公平性、公共性、普惠性的基本原则，努力推进社会的公平正义。

---

①《习近平关于全面建成小康社会论述摘编》，中央文献出版社 2016 年版，第 163 页。

在中国特色社会主义建设新时代，生态公平既是一种价值评判，也是生态民生所追求的一种实践目标。一方面，环境权益作为社会个体与生俱来的天然权利，是民生问题新的增长点。生态环境作为民生福祉的一种特定类型，具有先天自然属性的基本特征，与教育、医疗等社会性权益相比具有满足先后与层次的差异。生态环境的供给不会因不同社会群体社会地位的高低、物质财富的多寡而存在任何区别。另一方面，生态公平的实现必须以生态环境的极大改善为条件，是建设人与自然和谐共生的生态文明的结果，是系统性增进生态民生福祉，提升小康社会建设质量的根本举措。

总之，在我国社会物质文化产品的供给总量极大提高的基础上，人民物质文化生活已经跨越短缺和贫困，向更高的生活质量发展。中国特色社会主义进入新时代，以习近平同志为核心的党中央将生态建设纳入基础民生范畴，代表了新时代主流民意的根本诉求，发出了中国特色社会主义的时代最强音。在全面建设小康社会的进程中，习近平生态文明思想的民生内涵从根本上再次生动诠释了中国共产党始终代表最广大人民根本利益的立党之基，成为指导我国决胜全面建成小康社会的指导思想。

二、矢志不渝：改革开放以来我国生态文明建设的巨大成就

中华人民共和国成立之前，因受到连年战乱的破坏，我国

生态环境较为恶劣，1949 年森林覆盖率只有 8.6%[①]，远低于其他国家。因此，在中华人民共和国成立之初，以绿化荒山为主题的生态建设已经成为党和国家经济建设工作的主要内容之一。改革开放后，按照党的以经济建设为中心的基本路线，我国在建设社会主义现代化国家的历史征程中，通过一系列大型生态工程的推进，在生态建设领域取得了一系列重要成就。

（一）我国生态文明建设的政策沿革

改革开放以来，通过对我国社会主义建设实践的系统总结，我们党在科学把握我国社会主义现代化建设规律和人类社会发展规律的基础上，逐渐形成了环境保护和生态建设的科学理念，客观上推动了我国生态文明建设的进步与发展。

党的十一届三中全会确立了将党和全国工作中心转移到经济建设上来的历史性决定，开启了改革开放的历史征程。在当时的历史条件下，经济建设的主题是以社会主义工业化建设为核心。我们党立足我国工业化发展的现实基础，充分借鉴和吸取西方工业化发展过程中先污染后治理的历史教训，对环境保护工作高度重视。早在 1978 年 12 月 31 日，《中共中央批转〈环境保护工作汇报要点〉的通知》就明确提出："我们绝不能走先建设、后治理的弯路，我们要在建设的同时就解决环境污染问题。"同时，党中央还明确提出，要根据我国人口多、耕地少的特殊国情，量力而行地实现现代化。其要旨是尽量避免因急于求成、盲目开发，

---

①《新中国奇迹：森林覆盖率约 8.6%↗22.96%》，央视新闻网 2019 年 8 月 16 日。

造成生态环境的大面积破坏。

基于上述对我国国情的准确把握和对现代化建设的理性认知，以邓小平同志为核心的党的第二代中央领导集体从社会主义本质及其根本目的，即解放和发展生产力并最终服务于人民生活水平提高的高度，认识和处理环境保护问题。社会主义解放和发展社会生产力的最终目的是服务于人民生活的改善与提高，也就是最终是服务于人民的，若以牺牲环境为代价追求人民生活水平的改善与提高，显然是南辕北辙的。正是基于上述正确认识，党和政府将消除污染、保护环境看作推动经济建设、实现四个现代化建设的一个重要组成部分。同时，为进一步促进人口、资源、环境的长期可持续发展，我们党确立了计划生育和环境保护的基本国策，发起社会主义精神文明建设活动，党和国家领导人以身作则，积极倡导全民义务植树群众性生态建设活动，并最终形成传统，延续至今。1992 年 6 月，中国领导人在出席联合国里约会议时指出:“改革开放十多年来，中国国民生产总值翻了一番多，而环境质量状况基本保持稳定，某些方面还有所改善。实践表明，我们实行的有中国特色的环境与发展战略是成功的。”

党的十四大正式确立了社会主义市场经济体制的改革目标，改革开放迈出了史无前例的步伐，我国融入国际社会可持续发展潮流的日程加快。根据我国人口基数庞大、人均资源不足的基本国情，以江泽民同志为核心的党的第三代中央领导集体将可持续发展战略确立为指导我国社会主义现代化建设的重大战略。与此同时，我国积极履行对国际社会的节能减排承诺，将可持续发展战略写入《中国 21 世纪议程——中国 21 世纪人口、环境与发展白皮书》，并于 1994 年 3 月 25 日在国务院第十六次常委会议上获得通过，成为当时世界主要大国中第一个国家级可持续发展战略。到党的十五大，可持续发展战略及其在我国特定国情条件下的具体内涵得到了全方位的阐释。党的十六大进一步将可持续发展作为全面建设小康社会的基本战略目标之一。

经过10年的实践探索和理论总结，我们党立足我国国情，对可持续发展在我国现代化建设过程中所蕴含的特定含义和政策导向进行了全面的阐释："坚持实施可持续发展战略，正确处理经济发展同人口、资源、环境的关系，改善生态环境和美化生活环境，改善公共设施和社会福利设施。努力开创生产发展、生活富裕和生态良好的文明发展道路。"这一阐述第一次将可持续发展的方向提高到文明的高度。可持续发展战略实施后，我国在经济快速发展的同时，在环境保护等各个相关领域均取得了长足进步，使我国在生态环境的建设上迈出了关键一步。2003年的《政府工作报告》作出了这样的总结："五年全国环境保护和生态建设投入5800亿元，是1950年到1997年投入总和的1.7倍。"

党的十六大以后，我国社会主义现代化建设进入新阶段。按照社会主义初级阶段社会主义现代化建设"三步走"战略，21世纪初我国已经实现了国民生产总值翻两番、人民生活基本达到小康的战略目标，开始进入全面建设小康社会的历史新征程。以胡锦涛同志为总书记的党中央根据国内、国际形势的最新变化，尤其是我国社会主义现代化建设中所暴露出来的新问题、新情况，高瞻远瞩地提出了新阶段指导社会主义现代化建设实践的科学发展观和构建社会主义和谐社会的战略任务。科学发展观和社会主义和谐社会建设将统筹人与自然和谐发展作为其内在规定和基本要求。人与自然和谐发展本身就是科学发展，就是要坚持走生产发展、生活富裕、生态良好的文明发展道路。经过21世纪前几年的实践探索，到党的十七大，我们党从根本战略层面正式提出了生态文明的原则、理念和目标，并将其作为全面小康社会建设的基本内容和科学发展观的组成部分写入了党章。生态文明建设在我国实际国情条件下的具体内涵就是："建设生态文明，实质上就是要建设以资源环境承载力为基础、以自然规律为准则、以可持续发展为目标的资源节约型、环境友好型社会。"自此，我国建设生态文明的基本方向和建设目标有了明确和具体的内容。

经过21世纪前10年的艰苦奋斗，到党的十八大，我国社会主义现代化建设进入"三步走"战略的最后冲刺阶段，党情、国情以及世情发生了变化，以习近平同志为核心的党中央面对更为复杂的环境条件，扎扎实实立足我国国情，集合全党智慧，在新的战略高度上，统筹推进"五位一体"总体布局，协调推进"四个全面"战略布局，将生态文明的内容明确写入了党章。从此，"建设美丽中国""社会主义生态文明"成为中国特色社会主义新时代最鲜明的旗帜。

党的十八大以来，以习近平同志为核心的党中央在科学总结国内外生态文明建设的基础上，深入开展实践，提出了一系列关于生态文明的新理念，初步构建了习近平生态文明思想，开启了21世纪中国马克思主义生态文明理论发展的新篇章。指导思想每前进一步，必然反映在制度层面，在这一过程中，我国相继出台一系列顶层设计文件，主要包括《中共中央、国务院关于加快推进生态文明建设的意见》《生态文明体制改革总体方案》《中共中央、国务院关于全面加强生态环境保护坚决打好污染防治攻坚战的意见》《全国人民代表大会常务委员会关于全面加强生态环境保护依法推动打好污染防治攻坚战的决议》等。在党中央的统一部署和领导下，40 多项涉及生态文明建设的改革方案得以实施落地，在国家层面奠定了生态文明建设的制度基础。思想理念及其基础制度安排的调整，极大地推动了资源节约型社会的建设。同时，随着大气污染、水污染和土壤污染防治等专项行动的强力深入实施，一系列生态修复工程全面展开，生态文明建设的成效显著，以京津冀大气污染治理为代表的一系列影响深远的污染现象得到显著改善，生态文明建设取得阶段性重大进展。在国际上，我国生态文明建设的成就得到了普遍赞赏，中国经验开始得到广泛关注，中国正在成为全球生态治理的重要参与者与贡献者。

（二）改革开放以来我国生态文明建设的主要成就

改革开放以来，我们党始终坚持以经济建设为中心的基本路线不动摇，紧紧围绕社会主义初级阶段主要矛盾在不同时期的具体体现，把握时代发展的脉搏，坚持解放思想、实事求是的思想路线，经济建设和生态文明建设取得了举世瞩目的伟大成就。下面我们分两个阶段来介绍我国生态文明建设的主要成就。

第一个阶段是党的十一届三中全会到党的十八大。经过改革开放 30 多年的艰苦探索和实践，到党的十八大之前，我国在生态文明建设上已经具备了一定的基础，为生态文明的全面深化发展创造了基础的物质和制度条件。

首先，确立了生态文明建设的基本国策。在这一阶段，巨大的人口压力与资源环境之间的矛盾冲突，始终是影响我国快速、可持续发展的关键因素。为因应不同时期的突出发展瓶颈，早在改革开放初期，我们党便首先将计划生育上升到基本国策的高度以遏制人口过快增长，缓解人口与环境、资源之间的巨大压力。同时，对节约资源、保护环境的相关国策的制定与立法工作也逐渐提上日程。

一是计划生育。经过广泛的调研和科学的论证，党的十二大正式将计划生育确立为我国的基本国策，在全社会范围内积极倡导少生少育，优生优育。计划生育政策的实施，有效控制了人口增长率，在改善和提高人口素质的同时，有效缓解了资源环境压力和社会经济压力，促进了人口资源环境以及社会经济的可持续发展。

二是节约资源。资源的集约化高效利用是节约资源的基础，其关键的要点与核心在于促进科学技术的进步与应用以及资源利用、回收、二次利用等相关产业链条的拓展与延伸。为促进资源节约型社会的建设，1997 年，全国人大通过《节约能源法》，为进一步建立、完善资源节约型经济政策、管理体制奠定法制基础。《节约能源法》的制定与生效，极大地促进了资源总量和强度双控制管理体制的建立与实施，大幅度降低了我国社会经济发展中的资源消耗强度，促进了资源的集约化高效利用，提高了我国可持续发展的水平。

三是环境保护。党和国家对环境保护的重视是一以贯之的。改革开放初期，东南沿海的工业化发展刚刚兴起之时，环境保护问题就引起了国家领导人的注意。1983 年召开的全国第二次环境保护会议将环境保护确立为我国的基本国策，从此建立环境友好型社会成为我们党领导人民进行社会主义现代化建设的重要任务。在历届中央政府的工作报告中，我们党都将环境保护问题列入重要的工作日程，进行持续的经验积累和实践总结。

其次，奠定了生态文明建设的制度基础。在这一阶段，我们党高度重视党和国家日常管理中的制度化建设问题。在生态保护领域，党和政府更是将生态文明管理和规则的制度化视为重中之重的工作。经过 30 多年的发展与逐步完善，在党的十八大之前，已经建立起了生态文明制度体系的基础框架。

1979 年制定的《中华人民共和国环境保护法（试行）》明确规定："建设项目中的防治污染设施，应与主体工程同时设计、同时施工、同时投产使用。"这是我们党充分借鉴资本主义工业化发展中"先污染、后治理"的经验教训，在我国工业化发展的初期在制度与政策层面所做的预期防范。在《中华人民共和国环境保护法（试行）》中同时明确规定了环境影响评价制度和排污收费制度的基本原则、实施办法、责任主体等具体的操作性细则。经过 10 年的实践检验和经验积累，到 1989 年第三次全国环境保护会议召开时，通过综合考量我国的实际情况，并借鉴国外工业化先行国家环境保护的成熟管理办法，正式确定了环境保护目标责任制度、企业排污许可制度、城市环境综合整治定量考核制度、污染物集中控制和限期治理制度等五项新的环境保护管理制度。至此，在法律和行政管理层面，我国环境保护制度的基础治理框架得到确立。1990 年，国务院印发《关于进一步加强环境保护工作的决定》，在全国范围内全面落实环境保护目标责任制、排放污染物许可证制、城市环境综合整治定量考核制等八项环境管理制度。经过长期的实践检验与不断完善，到 21 世纪初，已经形成了相对完备的环境保护与生态治理法制体系与政府工作框架。

最后，规划实施了生态文明建设的基础工程。在这一阶段，为保护生态环境，推动我国社会经济的可持续发展，在我们党的领导下，经过 30 多年的努力，规划实施了三北防护林工程、退耕还林工程以及主体生态功能区建设工程等一系列生态文明建设的基础性工程。

改革开放初期，以邓小平同志为核心的党的第二代中央领导集体在积极应对和防范环境污染，推动环境保护的同时，对于我国当时突出的生态建设问题也在制度层面进行了有益的探索。当时我国西北、东北、华北地区的原有沙漠不断扩张，风沙危害变大、水土流失严重，出现了“沙进人退”的发展趋势，我们党和国家规划启动了三北防护林体系建设工程，且同步在全国范围内发起了全民义务劳动、植树造林的倡议活动，开启了我国早期生态工程建设的先河。1978 年，为加强全国荒山绿化工程以及长期森林和植被保护工作的集中统一管理，国家恢复、重建了林业部，领导统筹实施三北防护林体系建设工程。经过 40 多年的努力，三北防护林工程迄今已经启动第六期建设工程。相对于 1978 年，我国防风固沙林面积增加 154%，对沙化土地减少的贡献率约为 15%，2000 年后我国土地沙化呈现出整体遏制、重点治理区明显好转的态势，成为我国北方极其重要的绿色生态屏障。

退耕还林，再造秀美山川。20 世纪末，由于长期过度开发，原本生态良好的长江上游流域植被破坏严重，水土流失加剧，直接酿成了 1998 年全流域特大洪水灾害，给人民群众的生命、财产造成了巨大损失。以江泽民同志为核心的党的第三代中央领导集体审时度势，果断制定、实施了“退耕还林、封山绿化”战略，旨在从长期内加强生态建设，维护生态安全，并向全党全国发出了“再造秀美山川”的号召。根据出现的最新情况，党中央在原三北防护林工程的基础上，又将生态建设的重点范围拓展至天然林资源保护工程、退耕还林工程、京津风沙源治理工程、长江中下游地区防护林建设工程等六大工程。至此，我国生态林建设的覆盖范围包括了全国97%以上的县及县级市，成为世界上规模最大、范围最广的生态建设工程。

进入21世纪，在前期生态建设所取得的伟大成绩的基础上，为进一步夯实和优化生态文明建设，提高经济高速发展条件下生态环境的承载力，巩固发展的长期可持续性，党中央经过长期的调研、论证，在既有国家自然保护的基础上，从全国生态环境总体优化发展的客观需要出发，对全国不同地区的生态主体功能进行了科学定位，2010年12月发布了《全国主体功能区规划》，详细地提出了主体功能区建设的规划和实施方案，为科学地全面推进生态文明建设绘制了更为清晰的蓝图。

第二个阶段为党的十八大以来。随着生态文明建设量的积累和我国经济的快速发展，国家财政实力的提高，到党的十八大，我们已经具有了突破生态文明投入瓶颈的能力，达到了彻底扭转生态恶化趋势的临界点。党的十八大后，在以习近平同志为核心的党中央领导下，我国在生态文明建设领域持续发力，不仅在理论层面形成了习近平生态文明思想，而且在实践层面，生态文明的建设更是一日千里，实现了生态文明建设质的飞跃与提高。主要表现在以下三个方面。

首先，从保护到修复，着力补齐生态短板。党的十八大以来，生态文明建设的广度进一步拓展，在继续保护好已有生态资产存量的基础上，生态文明建设的重心开始向修复倾斜。封山育林、退耕还林、退耕还草、固沙治沙、治理水体污染等一系列生态补偿政策相继落地。短短数年，长期困扰我国的生态短板被补齐。

一是修复陆生生态，还人间以更多绿色。西起大兴安岭，东到长白山脉，北至小兴安岭，绵延数千公里的原始大森林，2015 年开始停伐，持续了数十年的伐木声消失了，之后全国各个主要林区的国有林场也相继停伐，补种树木与封山育林并举，开发利用与促进再生的良性循环机制得以真正实施，进一步促进了生态平衡。在封山育林的同时，2012—2017 年，我国年均人工造林超过 9000 万亩。国土森林覆盖率大幅度提升，造林质量也得到提高，良种使用率由 51% 提高到 61%，人工造林的苗木合格率稳定在 90% 以上，累计建设国家储备林 4895 万亩。全国共计治理、恢复退化湿地 30 万亩以上，退耕还湿超过 20 万亩，118 个城市森林覆盖率达到国家标准，成为“国家森林城市”①。

二是防治水土流失，还大地以根基。固沙治沙进一步取得进展，2012—2017 年，我国新增治理沙化土地 1.26 亿亩，由沙漠扩张引致的沙化荒漠化趋势得到整体遏制，以陕西榆林地区为代表的一系列重点治理区域明显改善，沙漠变绿洲，荒漠变沃土。沙化土地面积年均缩减 1980 平方公里②，从根本上实现了由“沙进人退”到“人进沙退”的历史性转变。

三是修复水生生态，还生命以家园。针对全国主要流域与

①《推进美丽中国建设——党的十八大以来生态文明建设成就综述》，新华网 2017 年 8 月 12 日。

②《推进美丽中国建设——党的十八大以来生态文明建设成就综述》，新华网 2017 年 8 月 12 日。

河流的水体污染，我国在管理上进行制度创新，推行污染治理与防治“河长制”，强化流域污染治理的责任机制，极大促进了全国地上污染水体的治理。2012—2017 年，全国地表水国控断面Ⅰ－Ⅲ类水体比例增加到 67.8%[①]，劣Ⅴ类水体比例下降到 8.6%，大江大河干流水质稳步改善。

其次，从制度到实践，绿色发展提速增效。党的十八大以来，生态文明建设的基础制度改革在党中央的统一部署和领导下取得了实质性突破。

一是生态文明基础制度安排逐步完善，更加合理。2015 年 4 月，中共中央、国务院联合印发《关于加快推进生态文明建设的意见》，系统全面地阐述了我国生态文明建设的总体要求、目标愿景、重点任务以及制度体系等主要方面的具体内容与实施细则，奠定了生态文明建设的总体框架。同年 9 月，出台《生态文明体制改革总体方案》，详细说明了生态文明体制改革的路线图、时间表、阶段性目标设置和总体安排，明确提出健全基于市场导向的自然资源资产产权制度，建立国土空间开发保护制度，完善生态文明绩效评价考核和责任追究制度等，补齐我国现阶段生态体制的主要短板。

二是环境保护的法制建设不断完善。随着国家《大气污染防治行动计划》《水污染防治行动计划》《土壤污染防治行动计划》的陆续出台，我国开启了《环境保护法》的修订工作，2015 年被称为“史上最严”的新环保法开始生效。新环境保护

---

① 《推进美丽中国建设——党的十八大以来生态文明建设成就综述》，新华网 2017 年 8 月 12 日。

法的最大亮点是强化了国家有关职能部门在环境保护中的主体责任，加大了对环境违法行为的打击力度，提高了环境保护执法监管的力度。随后，在中华大地上卷起了一场“环保风暴”，大量排放不达标的企业被停业整顿，尾气排放超标的黄标车在全国范围内被淘汰，燃煤消耗总量短期内强制压减。大气污染防治的强化监督机制在全国推行，短短几年内，全国主要经济区域的污染排放大幅度削减，与 2013 年相比，2016 年京津冀地区 PM2.5 平均浓度下降了 33%、长三角区域下降 31.3%、珠三角区域下降 31.9%，全国主要城市的年均雾霾重污染天数显著下降，生态环境尤其是大气环境明显改善。

三是积极参与国际生态环境治理体系。在国际上，我国以负责任的大国胸怀和责任担当，积极参与国际生态环境治理体系。2015 年 12 月，在全球气候变化巴黎大会上，我国作为主要缔约国之一签署了《联合国气候变化框架公约》。为应对全球生态恶化的风险与挑战，我国以最大发展中国家的身份，主动承担责任，坚定地向世界 196 个缔约国承诺未来节能减排的目标任务和实施路线图，成为大会顺利达成协议的重要推动力量。

最后，从理念到成效，经济社会发展迈向更高端。随着我国社会主义市场经济体制的逐步完善，基于市场导向的环境保护与生态建设机制设置与实施的条件逐渐成熟。经过广泛的调查研究与可行性论证，2016 年，北京环境交易所首批塞罕坝林场 18.3 万吨造林碳汇挂牌出售并实现成功交易。这是我国在新形势下将市场机制主动引入生态建设领域，引导市场和社会力量参与环保和生态建设，从根本上改革生态文明利益激励体系的成功实践。

在生态文明建设的强力驱动下，我国森林面积和蓄积分别增加到了31.2亿亩和151亿立方米，年生态服务价值达到12.68万亿元。长期量变积累的结果终于达到了质变的临界点，生态建设与环境保护的双管齐下，极大地改善了我国尤其是东部沿海原高污染地区的生态环境质量，清新的空气、蓝天碧水、处处草木成荫正逐渐成为沿海城市居民的生活日常。生态文明建设正以老百姓看得见、摸得着的变化改变着普通中国人的生活。

绿色发展理念深入人心。为进一步加强对环境违法行为的监督监察与处理，继“12369”举报热线之后，环保部根据形势的发展又设立了环保微信举报平台，极大地拓宽了广大人民群众参与环境保护的渠道和范围，将直排、偷排等环保违法行为置于人民监督的汪洋大海，极大地提高了环保监察执法的效率。人民群众的广泛参与使得绿色发展的理念更加深入人心。截至2016年，在绿色发展理念指引下，我国单位GDP能耗、用水量分别比2012年下降17.9%和25.4%，主要污染物减排效果显著提高。[①]

我国生态文明建设的崭新局面，引起了国际社会的高度关注。2016年，联合国环境规划署发布《绿水青山就是金山银山：中国生态文明战略与行动》报告，向世界介绍中国生态文明建设的事实与经验。中国的绿色发展为世界贡献了中国方案。中国生态文明建设的核心理念和成功经验，正在为全世界可持续发展提供重要借鉴。

---

①《推进美丽中国建设——党的十八大以来生态文明建设成就综述》，新华网2017年8月12日。

三、制度之痛：我国生态文明领域亟须解决的关键问题

改革开放以来，尤其是党的十八大以来，我国的生态文明建设取得了丰硕的成果，大范围、全局性、根本性的生态治理问题得到了有效控制，但从生态文明长期发展的角度来看，还存在若干亟须下大力气解决的基础制度问题，以确保生态文明建设的方向稳定性和长期持续性。

（一）生态环境保护制度亟须进一步完善

生态环境的基础制度安排决定着相关市场主体以及监管部门的行为激励与约束，很大程度上是生态文明建设的根本。一般情况下，生态文明建设和环境保度的框架性制度安排主要是指与生态环境保护相关的法律法规、污染监控与评价机制、责任追究机制等。从我国目前生态环境污染的形成机制来看，导致生态环境破坏的风险长期存在的主要原因是上述基础性制度安排存在重大缺陷，制约着生态文明建设实践的效果。显然，从全面促进生态文明发展的角度来看，只有科学分析生态环境保护制度存在的关键问题，才能更好地贯彻习近平生态文明思想，促进生态文明建设。

首先，生态环境保护法律体系不健全。生态文明的制度基础是国家生态环境保护的法律体系，从根本上属于国家强制性实施的制度安排。特别是由全国最高立法机构颁布的统一性、权威性法律，具有最强的约束力。生态文明制度的另一个组成部分是

由国家最高行政机关及地方政府和环境保护行政机关根据国家有关法律制定的具体保护条例和相关行政法规。严格来讲，二者应该具有内在一致性，但是在具体的司法实践中，由于法律规定不可避免地存在一定程度的解释模糊性和执行弹性，有时会出现行政法规和执行条例与上位法相悖的情形，导致相关法律的治理失效。遗憾的是，我国生态环境保护的法律制度建设工作还存在很大不足，集中表现为以下几个方面。

生态环境保护立法工作相对滞后。总体来看，我国目前还没有制定一部全面体现新时代生态文明建设战略思想的综合性法律来规范生态文明建设的实践。由于缺乏明确、具体、透明的法制规范，由此衍生的环境保护和生态建设行政法规与管理执行条例也存在很大程度的激励扭曲，法律的监管和执行效率无法得到有效保障。生态环境保护的专门性法律只有跟上新时代生态文明建设的战略要求及步伐，才能确保生态文明建设实践在正确的方向上逐步完善和进步。只有在立法层面首先清晰界定环境保护和生态文明建设的目标、任务、评价标准、经费筹措，以及责任主体、权利、义务等基本要点，才可能在执行层面减少模糊地带和释法执法的弹性，促进法律的普及。只有如此，法律才会成为保护环境、促进生态文明建设的有力武器，“生态法律建设是实现‘美丽中国’梦想的重要前提条件之一”。因此，在新时代生态文明建设实践中，我们必须重视生态环境保护的立法工作，结合社会主义法治国家建设，加快生态环境保护立法、修法进程，夯实社会主义生态文明建设的制度基础。

生态环境保护立法体系还不完善。长期以来，囿于地表生态环境体系区域差异巨大的特定国情条件，为更好地针对不同地区的特定生态特征进行差别保护的实际需要，同时也为充分调动地方进行环境保护的积极性，我国生态环境保护立法体系的主体是以“分散立法”形式存在的地方性行政管理法规和行政条例为主要内容的立法体系。立法层级总体上偏低，且不同地区的法理原则以及执行差异巨大，相互抵牾甚至矛盾之处也不鲜见。全国性的、具有更高约束效力的全局性立法相对较少。毋庸置疑，我国环保“分散立法”的体制长期以来在我国环境保护实践中所产生的积极作用是不可否认的，其较强的灵活性特征确实对不同地区特定生态环境问题的保护起到了不可替代的作用。但随着环境保护和生态建设的发展需要，其不利因素越来越不适应形势发展的需要，尤其在新时代的背景条件下，其所具有的力量分散，无法形成合力，区域协调缺乏有效激励，总体治理效率偏低的弊端已经成为促进生态文明建设的主要障碍。因此，强化国家层面的统一立法，有利于从全局层面整体协调安排生态文明建设的节奏与步骤，统筹配置资源投入，提高资源投入的效率，避免“你治理、他污染”“边治理、边污染”的地方机会主义行为，更要避免“治理—污染—再治理”的往复循环和重复性投入。

法律监督和实施机制还不合理。从广义或更一般的意义上来说，法律监督与实施机制是生态环境保护法律体系的重要组成部分，是法律实施过程中重要的司法机制，其要旨是对生态环境保护法律体系的实施过程和结果进行法制化的评价、监督与审定，从根本上确保生态环境保护的目标体系能够实现。从目前我国生态环境保护实践来看，在我国现行的生态环境保护法律体系中，相关法律监督和实施机制的具体规定还不是非常明确。具体而言，主要表现为缺乏环境保护责任界定和渎职的规范认定以及详细的惩罚办法，这种制度层面的缺失使得执法监督环节的自由裁量空间较大，滋生寻租空间，从而造成生态环境破坏现象不能得到有效遏制，甚至在局部地区污染严重，严重损害公共生态权益。因此，在新时代生态文明建设实践中，我们不仅要从法理上不断地优化、完善环境保护法律体系，更要注重法律监督和实施机制的完善，有效地推动生态文明建设战略顺利实施。

其次，环境质量监控制度亟须完善。作为环境保护法律体系的重要辅助，环境质量监控制度可以有效评估环境保护法律体系的执行效果，也可以根据环境质量变化及其关键影响因素的分析，确定和调整环境保护制度的重心，实现环境保护和生态文明建设的动态管理。在很大程度上，环境质量监控制度是生态文明建设中制度建设和政策制定的基本依据。如果没有一个稳定高效的环境质量监控制度提供可靠的环境质量动态变化数据，科学的环境保护和生态建设制度的建设便无从谈起，仅仅依靠可以观测或调研得到的局部、零星的数据支持进行生态文明建设决策，必然会带来很多问题。在现实中，环境质量监控制度的运行确实也是问题重重，正如习近平总书记所指出的："一些地方重发展轻环保、干预环保监测监察执法，使环保责任难以落实，有法不依、执法不严、违法不究现象大量存在。"[①] 显然，只有建立权责清晰、对称，相关职能部门与单位相互协调又相互制衡的生态环境质量监控制度，才能从根本上扭转环境保护和生态文明建设的低效率。目前来看，我国生态环境质量监控制度体系还存在一些漏洞，主要表现为以下几个方面。

①《习近平谈治国理政》第 2 卷，外文出版社 2017 年版，第 391 页。

生态环境质量监控组织机构亟须健全。生态环境质量监控组织机构通常由环境质量监控职能部门和机构构成，原则上其主要职能包括对环境污染状况进行实时监控与全面调查，对环境保护与生态建设中的资源投入进行审计、管理和清查等。但在我国传统的管理模式下，往往存在相互平行的机构在职能上相互重叠以及事权边界、根本责任主体归属不够清晰的问题，在职能定位上无法有效地相互协调配合，导致在利益面前相互竞争，在责任面前相互推诿，使得整个体系的运行成本高昂，效率低下，严重影响了我国生态环境建设的实际效果。造成上述情况的原因固然与我国生态文明建设战略布局较晚、生态环境质量监控组织机构体系的建设相对滞后、不够成熟有关，但从根本上来说主要是因为组织机构体系的职权、责任体系的划分及其相互协调配合的工作机制缺乏统一安排与划分，尤其在法制层面缺乏明确的程序性规定和责任追究机制。在这个意义上，生态环境监控组织机构的设立及其工作机制、权责界定、责任追究等核心内容的规定也应该是生态环境法律体系的重要内容。

环境质量监控组织机构的权威性和独立性有待提升。总体来看，受传统的科层制组织机构设置的限制，以各级环境保护部门为主体的环境质量监控组织机构一般都从属于双重的管理机制。除了常规的同部门上下级的统一管理和工作部署，环保部门一般也是地方政府部门的从属机构，因此，在涉及地方环境违法案件的查处过程中，不可避免地要受到地方相关利益集团的抵抗，包括政府部门政绩观的干扰甚至限制，从而影响系统效率的发挥。从根本上来说，这是环境保护部门的法律地位缺乏独立性和权威性的必然结果。从长期来看，有必要在法律层面对环境保护部门的执法独立性进行必要的制度安排，包括其财政经费的划拨有必要脱离地方政府的直接掌控，赋予其相对独立的环境执法空间。当然，对其履职的有效监督同样需要加强，从制度上杜绝制造寻租空间的可能。

环境质量监控信息披露制度仍不健全。及时、充分的信息公开与透明化管理，是充分引入外部性新闻舆论监督的重要条件，也是大众参与环保、获取信息的基本前提。因此，定期、详尽的环境质量监控信息披露制度是环境保护和生态建设系统纠错机制的构成部分。通过及时有效的环境质量监控信息披露，一方面可以大幅度减少政府机构与民众之间的环境信息不对称问题，极大地压缩社会虚假信息传播的空间，夯实政府与国家机关的公信力基础。另一方面，强大的外部监督机制的存在也可以有效遏制环保领域的寻租腐败和懒政、怠政。因此，建立、健全可核查、全记录、公开透明的环境质量信息披露制度也是我国当前加强环境保护、促进生态文明建设的重要内容之一。

环境质量监控的法律责任仍不明确。我国环境质量监控系统存在的一系列问题，归根结底是法律责任界定不够清晰，即相关立法工作相对滞后的必然结果。因此，当前阶段应在党中央的坚强领导下，通过彻底的实践经验总结和理论论证，结合党的“不忘初心、牢记使命”教育的阶段性成果，从生态文明建设的目标任务和人民群众的切身利益出发，切实打破部门利益的羁绊，加快环保法制建设，理顺环境保护和生态文明建设中的一切主体责任、权力边界、评价标准以及奖惩激励的构成条件等操作性细节，这已经成为我国深入开展生态文明建设迫在眉睫的重大任务。

再次，生态环境考核评价制度发展滞后。生态环境的保护与修复客观上需要制定一系列的环境污染以及治理的评价标准或者说国家规范。如污染物排放的标准及其排放形式等，都亟须根据我国生态环境自净能力的动态变化和实际清洁生产技术的最新发展，适时地进行科学调整。制定科学合理的环保标准，一方面有利于促进清洁生产技术的市场化应用，促进科技进步；另一方面是建立、完善生态环境考核评价制度的基础。我国现阶段的一个基本问题是有关国家标准的水平相对较低，短期内不利于促进相关污染行业清洁生产的技术进步，也不利于建立全面科学的考核评价制度，有关环境保护和生态文明建设的效果评价容易出现误差，且评价结果僵化机械，缺乏动态的全过程考核机制。当然，生态环境考核评价体系的建立，所要求的信息量较大且结构复杂，涉及范围广泛，收集确实存在诸多困难，集成化的数据记录、信息反馈、收集整理以及储存、备份与传输等自动处理功能的形成，无论是在技术上还是在工作机制的设计上都非一夕之功。但无论如何，我们都应该在基础制度安排和工作框架上建立起协调、顺畅的考核评价工作机制，且随着现代互联网通信技术以及大数据处理技术的发展，完全可以在理顺工作机制与流程安排的前提下，开发相对稳定、可靠的自动化执行系统，大幅度提高数据处理的系统核心功能。因此，深化生态环境考核评价基础制度安排的改革，在顶层设计层面梳理清楚考核评价系统的功能模块，调整组织框架，重建工作机制才是最基础性、最重要的工作。

就实际情况来看，目前我国生态环境考核评价制度所存在的主要问题表现在以下几个方面。

生态环境考核评价主体选择不够科学。一般而言，生态环境考核评价主体的选择应秉持多元、客观的基本原则。目前可以选择的评价主体范围主要包括：上级和平级行政领导考核评价、外部独立的专业化机构考核评价、组织专家学者进行考核评价以及社会大众的考核评价等。当然，无论选择哪种评价主体或其组合，相关考核标准的科学性、准确性都是至为重要的前提条件。我国当前在生态环境考核评价主体选择上的实际情况是以行政领导考核和组织机构考核为主，专家学者以及社会大众的参与程度严重不足，缺乏参与考核评价的合法渠道。当然，这种生态环境考核评价方式便于组织、实施，效率较高，成本相对较低。但是，最大的缺点或者说隐患在于行政领导考核具有极强的主观性，考核评价结果过多地依赖于领导者专业知识和个人偏好，容易造成结果偏差。而组织机构考核同样可能受地方领导以及相关机构政绩需求、特殊利益集团等关联因素的干扰，影响考核评价结果的客观公正。毫无疑问，任何意义上的考核评价，其最终的目的或者说最基本的要求都以客观公正、实事求是地反映或了解真实情况为第一要务，任何可能会导致考核结果失实的潜在因素都应该是要尽量规避的。显然，在生态环境考核评价的主体选择上引入和赋予专家学者以及社会大众考核评价更多的权重，有利于提高考核评价结果的客观公正性。即使是在行政领导考核和组织机构考核中，也应尽量根据回避原则，避免利益关联个体与组织机构参与考核评价，或者采用不同地区之间交叉考核评价的办法，加强考核的客观性、公正性。

生态环境考核评价对象确定不合理。在既定的环境保护和生态治理结构下，生态环境考核的终极目的无外乎考察生态环境本身的动态变化情况以及蕴含于其中的环境治理或者说生态建设成绩的相对大小。因此，在具体的实践中，生态环境考核评价的对象客观上存在两个层面的考核评价内容：一方面是对部门或地区的环境保护与生态建设的既定规划与方案进行考核，包括对其资源投入情况的审计；另一方面是对其环境保护与生态建设实际效果的考核评价。二者互为因果，相互印证，是对地区或部门生态建设与环境保护工作的相对全面、客观的评价。在实际工作中，我国生态环境考核评价通常是仅仅选择其中的一个方面进行考核。当然，在客观上任一部门或地区的生态建设方案的制定、执行与其实际效果的显现一般都存在较长的时间滞后性，考察特定时间点未必与实际效果显现的时间点同步，这可能是造成上述情况出现的一个重要原因。但是无论如何，从生态环境考核评价的最终目的来看，对上述两个方面内容的考核是对结果客观性的必然要求，也是客观公正地审议、评价部门或地区环境保护与生态建设工作的现实需要。

生态环境考核评价的内容和标准不够全面。一般而言，生态环境考核评价第一位的内容是环境保护与生态建设的实际效果，这既是开展环境保护和生态建设的根本目的，也是对相关工作进行考核评价的基本目标。从社会治理以及政府行政管理的角度来看，在考察环境保护与生态建设实际效果的基础上，对其规划方案以及执行成本、执行过程的考察也是至关重要的，在很大程度上这既是政府廉政建设的基本内容，也是相关部门行政执行效率的一种体现。但是，我国目前生态环境考核的实际情况是注重结果导向，单纯看中部门或地区生态建设的实际成效，对其执行成本、规划方案的考核相对不足。这种结果导向的考核评价体系，往往导致地方或部门在政绩观的驱动下，为追求考核合格，不惜成本地推动短期生态环境的治理效果，而往往由于缺乏科学决策的支撑与不同部门的相互协调，导致铺张浪费、重复建设现象严重，甚至成为滋生腐败寻租现象的一个重要诱因。因此，在生态环境考核评价中注重考核内容与标准的全面性是极为重要的，既要考核评价环境保护和生态建设的实际效果，更要考核其规划执行的具体方案与过程，对其建设成本更有必要进行全面的审计、考核。

最后，生态环境损害责任追究制度存在缺失。任何制度的制定与执行最终都是由人来完成的，在清晰界定责任边界的前提下，科学地设定合理的激励与惩罚机制是保证岗位竞争性的基础制度安排，也是避免尸位素餐，震慑行政不作为、乱作为的基本保证。然而在我国当前环境保护和生态建设制度安排中，由于权责边界界定模糊，不同职能部门之间的权责交叉、混乱，责任认定与追究的法定程序阙如，导致环境破坏责任追究制度不完善，无论对职能部门还是污染排放主体的责任追究都存在很大的漏洞，致使整体上对导致环境破坏行为的违法查处和渎职的法制惩处相对较低，客观上鼓励了违法行为的广泛存在。具体而言，主要表现为以下几个方面。

对生态环境损害责任追究认识不足。相对而言，我国在法制层面上开展生态环境损害的责任追究与惩罚的实务理论研究起步较晚，在我国进入到工业化快速发展之前，我们并没有做好相对充分的理论准备。从上到下都处在盲目的乐观情绪中，对我国快速工业化发展可能对生态环境造成的损害认识不足。对生态环境的保护及其损害的惩处，大多只是在中央文件以及领导讲话的口头表述中进行形式化的重视，在具体的制度安排上，尤其是在成文法律法规中并没有可行的操作性规定。在具体的法制程序设置上也比较模糊，对于环境损害程度、惩罚标准等一系列至关重要的细节都缺乏相对准确性的表述，最终导致我国生态环境的恶化在短期内一度出现失控的态势，成为危及我国整个现代化成败的关键问题。

对生态环境损害责任追究的发展方向不明确。理论准备的相对不足与滞后，导致我们对环境保护与损害追责的相关微观博弈机制的研究不够充分，对市场经济条件下有关利益主体短期危害、破坏生态资产的形势估计不足，对原有环保法律法规的相应缺陷与漏洞的认识更是不够充分。因此，在环境污染形势日益严峻，国家生态文明建设战略发生重大调整的背景下，我们对生态环境损害责任追究的目标定位、机构设置以及工作协调机制等基本方向层面的发展规划缺位，立法准备不足，难以适应生态文明建设实践变化的形势需求。

生态环境损害责任追究的法制建设滞后。只有在生态环境损害的责任追究具备规范性、一致性、公平性的前提下，才可能对相关利益主体的行为预期产生诱导、规范效应。达到上述效果的基础在于制定科学、明确、清晰的惩罚标准和程序，最大限度地降低执法裁决的自由度。而我国目前的基本情况是生态环境损害程度的界定缺乏行业标准，区域执法力度差异极大，统一的法制化裁决机制还没有形成，导致重污染行业的政策化区域产业聚集现象普遍存在，削弱了全国范围内节能减排和污染控制的力度。总体惩罚力度的弱化与较大的裁量空间，在衍生腐败寻租现象的同时，严重损害了生态损害责任追究制度的权威性和威慑力，强化了市场的逆向选择机制。因此，完善生态环境损害责任追究制度的法律体系，制定统一、透明的责任追究标准与程序，已经成为当前生态环境损害责任追究体系建设亟待解决的关键问题。

生态环境损害责任追究的管理体制尚未理顺。政出多门、层次偏低、结构分散是我国原有的计划管理体制的弊端。在我国行政管理体制改革还没有完成的过渡阶段，生态环境损害责任追究组织机构的权责界限在法律上还没有完全厘清之前，往往存在其事权与责任不对等的问题，赋予其更多责任的同时，若没有进一步的资源投入和能力建设的同步跟进，执行效果肯定是大打折扣的。

因此，进一步深化环境保护和生态建设管理体制的改革，切实理顺环境保护职责部门的事权与责任边界，在此基础上进一步健全生态损害责任追究的行政处罚制度，规范生态损害责任追究的具体程序是当前环境保护管理体制改革的重要内容。

（二）多元共治的环境保护体系尚未形成

所谓多元共治是指在生态文明建设中，必须集中社会合力，形成政府、企业等社会团体以及公民个人充分参与的社会动员机制。毫无疑问，这是解决当前我国生态文明建设问题的必然要求。随着国家生态文明发展战略的提出和生态建设投入力度的加大，生态环境保护体系的改革逐渐深入，多元共治的环境保护基础架构体系已经略具雏形。但从根本上来说，在一些核心关键问题上依然存在诸多问题，因此形成多元共治的环境保护体系还有很长的路要走。

首先，政府对生态环境保护的主导能力偏弱。从理论机制来看，由于环境保护和生态建设的外部性特征，一个社会环境保护的基本职能必然要求以公共部门为主导。因此，政府的主导能力是全社会多元共治体系的基础。在生态环境的保护与建设中，政府的主导能力体现在它不仅是直接的资源投入主体，而且是环境保护和生态建设元规则的制定者和执行者，是决定系统运作效率的基础，更是促进激励兼容、形成多元共治的关键。

然而从现实情况来看，我国政府生态环境主导能力建设仍然难以满足多元共治的环境保护体系发展需要，一定程度上制约了生态文明建设目标的实现。

多元共治的环境保护管理体制不畅。目前我国环境保护管理体制存在的主要问题集中表现为机构设置与职能划分的相对错位与混乱，使得不同生态环境保护主体各自为政，缺乏协调与配合，难以形成组织合力，相关核心信息、资源、数据等不能及时共享，在环境保护问题上不能有效配合。同时，不同部门与机构在有关生态建设的规划上也存在步调不一致问题，无法相互衔接、互补，甚至相互冲突、重叠，从而造成重复建设和公共资源的浪费。分散、冲突的环保管理体制在很大程度上成为阻碍多元共治的环境保护体系发展的因素。

多元共治的环境保护政策多变且不统一。正是因为“政出多门”，缺乏统一的协调与配合，各个不同职能部门与机构之间的政策制定往往在执行上存在较多的细节差异，相关政策整体多变，稳定性不足，造成市场不能形成相对稳定的政策预期，企业生产中的排放行为具有极强的投机性，不利于促进污染排放与生态建设的良性循环。因此，只有深化环境保护管理体制改革，基于科学的顶层设计，切实理顺环保组织机构和部门之间的职能衔接与协调配合问题，才能从根本上解决政策不稳定问题。

多元共治的环境保护体系资源和人才投入严重不足。一方面，环境保护体系的建设资源与人才投入存在严重不足的困境，相对分散的管理体制的低效率恶化了资源和人才投入的稀缺性。另一方面，人才问题也是制约多元共治环境保护体系建设发展的瓶颈之一。从当前来看，从事生态环境保护的专业化人才不足，现有从业者普遍存在知识结构不合理的短板，急需专业化的知识培训和技能培训。

其次，企业对生态环境保护的约束乏力。正是政府主导环境保护与生态建设的能力不足，尤其对企业实际排放的管理失控，导致企业的排放行为处于机会主义状态，普遍的偷排、直排是大多数企业尤其是中小企业的常态，这也是造成我国生态环境短期内迅速恶化的主要原因之一。因此，健全企业环境保护的约束机制和激励机制关系着我国生态文明建设的全局。

党的十八大前后，生态环境破坏形势日益严重，尤其是大气污染严重，冬季高发的雾霾蔓延整个东部沿海地区。国家生态文明建设战略随后强势启动，在强大的环保压力下，各级政府加大了对企业生态环境保护的监管，对企业生态环境保护的约束力度大幅度提高。但是，即便如此也没有杜绝企业的违法排放行为。从根本上来说，是因为现有的环保制度体系对企业实际排放行为的激励并没有改变，企业在利润最大化驱动下的理性选择依然是一种机会主义模式。归纳起来，企业生态环境保护约束乏力主要有如下表现。

企业拒不履行生态环境保护义务的问题仍然突出。从目前我国企业生态环境保护的实际状况来看，企业不履行生态环境保护义务，甚至直排、偷排以降低生产成本的现象普遍存在。只不过在环保压力突出的形势下，采取避开环保监察的夜间生产策略，这也逼得某些污染严重地区的环保部门不得不采取直接限电停产的极端举措，以控制企业的违法排放。从企业行为激励的角度来看，究其根本，企业在环境保护中的机会主义行为形成的主要原因还是环境保护制度体系的功能缺位。一方面现有的以突击检查为主要形式的环保监察机制不能完全堵死企业违法排放的漏洞，企业可以大概率逃脱违法查处；另一方面是对企业严格守法、合规排放的行为缺乏正向激励。不在制度层面彻底解决上述两个方面的问题，便无法改变企业的行为激励，其机会主义的违法排放就将一直是其理性选择的必然结果。

企业生态环境保护实践中存在维护地方利益的行为。在我国目前的政府官员考核激励制度安排下，地方经济发展指标的权重过大，导致在环保领域的一个重要负面影响就是纵容、鼓励了企业的机会主义违法排放行为。现实中，为追求经济快速发展，各级政府官员都热衷于招商引资和改善投资环境。政府行为的这种倾向使得在环保执法环节对企业的违法行为存在避重就轻的问题，减轻甚至免除处罚的情形并不鲜见，从而鼓励了企业的违法行为。在生态环境极度恶化之前，或者说在中央政府刮起环保风暴之前，在有些地方与部门，企业与政府环保部门官员的利益勾结是产生腐败现象的一个重要领域。尽管近些年，由于环境保护的政治压力持续加大，地方政府与污染企业在环境污染问题上的“合谋”大幅度下降，但是在政绩激励和地方财政的压力下，地方政府在一定程度上偏袒企业的倾向依然广泛存在，尤其在经济发展相对困难的阶段更是如此。因此，只有建立严格的企业环境保护约束体系，从根本上改变企业的行为激励，才能铲除此类问题产生的土壤。

企业生态环境保护监管机制建设滞后。正是由于系统性的环境保护立法、司法机制和机构建设的相对滞后，集中反映在实践环节对企业实际排放的信息收集、排放行为的监管等环节的执行不力，催生出企业的机会主义行为。尽管国家非常重视对企业的环保监管，但事实上，在实际监管机制相对落后的条件下，不可能从根本上解决问题。目前，随着环保法制建设的深入，对这一问题的解决已经提上日程。

最后，公民对生态环境保护的参与程度不高。生态文明建设关系每个社会成员的切身利益，更是中华民族未来发展的前提条件。在我国当前环境保护与生态建设的制度条件下，实际情况是，环境保护仅仅是政府环保部门的事，社会成员缺乏参与渠道，存在着企业违法排放行为被人民群众举报后也得不到处理的现象，这也在很大程度上打击了社会成员的参与热情。当前，我国生态文明建设所面临的诸多挑战与困难，客观上与社会成员环境保护参与水平较低直接相关。

公民生态环境保护法律意识普遍不强。人民群众广泛地参与、监督，是提高环保执法效率的重要条件。尤其在监管技术和手段相对落后的情况下，只有人民群众“无孔不入”地监督与举报，才能大幅度增加企业环保违法的曝光率，提高其违法成本。但从现实状况来看，尽管绝大多数民众对环境污染、生态恶化痛心疾首，尤其在大气污染较为严重的季节与时段，但由于缺乏法制化参与渠道与机制，广大民众的环境保护意识并不是很强。社会成员普遍对生态环境保护的目标、原则及社会意义认识不够清晰，在思想上因为不能具体参与而缺乏支持环境保护的自觉意识。由于环保普法大多停留在宣传层面，与普通民众在日常生活中的行为没有关联，因此普通民众对在生态环境保护中应当承担的公民责任与义务缺乏认识。社会成员普遍对现实生活中的日常行为，如垃圾处理方式、消费习惯等活动可能对生态环境造成的负面影响并不清楚，难以约束自己损害生态环境的行为，这本质上是环境保护细则与民众日常生活严重脱节的一种体现。因此，系统地、全方位地加强对国家生态环境保护的法律、法规以及国家生态文明建设重大方针、战略的通俗化宣传，同时将其细化为对民众绿色生活习惯的倡导与培养，是增强全体社会成员环保意识的必要条件。

公民生态环境保护参与热情普遍不高。毫无疑问，权利义务关系的均衡对等与有效，是任何制度规范调动社会参与的必要条件。普通民众参与生态环境保护热情不高的根本原因恰恰是缺少参与渠道或渠道效率低下，缺乏激励的一种反映。因此，仅仅停留在宣传的层面，仅仅在制度安排上对群众参与环境保护强调履行公民义务的一面，对群众举报的处理滞后且对举报群众的必要保护与奖励完全阙如的情况下，不可能唤起群众参与环境保护的热情。因此，无论是从理论分析的角度还是从历史经验来看，只有在制度安排上广泛拓展人民参与渠道，提供必要的激励与保护措施，再加上充分有效的法制宣传，才可能充分调动起人民群众的环保积极性。

社会成员生态环境保护参与途径有限。如前所述，在制度设置层面广泛开辟人民群众参与环境保护的途径与通道，建立基础的利益激励与保护机制，是调动社会成员参与积极性的基础条件。但从目前我国的实际状况来看，现行制度框架对人民群众参与环境保护的要求主要集中在义务承担方面，即主要通过要求民众履行生态环境保护义务的方式参与生态环境保护实践活动，在生态环境保护的政治参与、意见表达、举报投诉等基本方面缺乏制度性渠道。因此，结合环保法律体系的逐步完善，在法制框架内积极拓展民众参与的有效渠道，充分保护民众参与的权利并提供制度激励与安全保护，才是促进环境保护的全民参与、打赢一场万众一心的环境保护与生态建设的“人民战争”的有效举措。

四、强基础与补短板：促进我国生态文明建设的思路和政策取向

针对我国环境保护和生态建设领域存在的问题，从我国的实际国情出发，只有在党中央的坚强领导下，基于科学的顶层设计，在中国特色社会主义法制建设的基本框架内，以习近平生态文明思想为指导，打破一切既得利益格局的藩篱，全面改革深化，理顺和强化制度基础，补足短板，切实形成激励相容、多元共治的环境保护和生态建设的制度体系，才可能从根本上扭转生态环境恶化发展的不利局面，促进生态资产存量的正向积累与进步。

（一）强化基础：必须建立严格的生态环境保护制度

生态文明建设的战略目标一旦确定，基础制度的安排与调整关系到战略实践的资源调配、组织分工、系统工作效率以及阶段任务建设目标的巩固等，尤其对于生态建设与恢复这样的长期工程而言，正确有效的基础制度安排是保证持续发力、从

量变积累最终实现质变的根本保障。针对我国生态文明建设中所面临的突出制度短板，必须查缺补漏，建立严格的系统化生态环境保护制度。

首先，要健全和完善生态环境保护法律制度。健全和完善环境保护和生态建设的法律体系是优化生态环境保护制度的基础。正如习近平总书记所说："只有实行最严格的制度、最严密的法治，才能为生态文明建设提供可靠保障。"[①] 当前，我们必须以对党、对人民、对历史高度负责的态度，以壮士断腕的勇气摒除既得利益格局的羁绊，一切从生态文明建设的实际需要出发，尽快梳理、优化生态环境保护的法律制度框架，通过制度和法律手段引导、规范社会经济活动，将生态文明的具体理念和内在要求变成明确具体、激励和约束兼容的实施细则与行为规范，推进生态文明建设在正确的方向与轨道上持续运行。

生态文明建设法律体系调整的实质主要涉及利益结构的重新调整，旨在从长远视角实现社会个体的短期利益与公共集体长期利益的兼容一致，消除二者在目前格局条件下的相互矛盾与冲突。为减轻阻力，环境保护的修法、立法过程需要在公开、透明的条件下，确保社会相关利益主体的有效参与，切实体现主流民意的根本诉求，保障法律确立的权威性与代表性。

立足我国环境司法体系的客观现实，必须在国家层面对生态建设以及环境保护立法进行实质规定。具体而言，应该以宪法中有关环境保护的基本条款为依据，在法律层面由最高法院对其进行法律解释，清晰界定生态文明建设与环境保护的基本内容条

---

①《习近平谈治国理政》第 1 卷，外文出版社 2018 年版，第 210 页。

款，对生态建设以及环境保护的宗旨与范围、主体与对象、权利与义务的履行边界、工作机制与方法、机构设置与管理体制、责任追究与程序等一系列核心基本问题进行全面的阐释，奠定环境保护和生态建设专门法的立法和修法基础。这一步，毫无疑问是最关键、最重要的，当然也是相对最困难的。

在上位基本法的立法顺利完成的前提下，专门法的基本框架主体和关键要点已经完成。但是，基本法的立法应该更多地关注在执行层面可能产生的司法扭曲上，在具体的工作机制和管理体制上不能预留任何可能的模糊地带与弹性空间。专门法在操作细节方面的规定是否科学可行，直接关系到其在实际执行层面的落地问题，关系到最根本的立法目的能否实现，能否真正产生实际效力，改变社会不同主体的行为预期与行为模式，实现促进环境保护和生态建设的根本目的。

在基本法和专门法得以完整确立的情况下，从执行效果及其控制的角度，要不断完善生态环境保护的配套法规，加强司法监督的力度和完善纠错机制与程序。在某种程度上，配套法律法规的核心在于确保司法效率，因此需要建立相对独立的纠错机制以确保司法公平。

其次，要完善生态环境质量监控制度。生态环境质量监控制度的基本功能是动态监测总体环境质量的运动变化，为宏观层面的生态建设决策提供准确、及时的环境变化数据及其原因分析和发展趋势预测。显然，在整个环境保护和生态建设系统中，环境质量监控制度发挥着系统管理参谋总部和数据中心的核心功能，是科学决策的重要基础。

当前环境污染治理的实践中在个别地区与部门存在的一些不

良现象，其在很大程度上正是环境质量监控系统不能有效地发挥内部监督功能的基本体现。在现阶段生态环境恶化势头得到有效遏制，生态环境质量改善初见成效，环境保护法治建设即将取得突破的关键时刻，改革、健全生态环境质量监控制度具有全局性意义，是巩固生态建设成果，遏制污染反弹的关键环节。根据已经暴露出来的主要问题及其表现形式，目前我国生态环境质量监控制度的改革要点主要包括以下几个方面。

加快法制建设进程，将生态环境质量监控纳入法制框架，赋予其相对独立的法律地位，使其业务活动只对客观事实负责，只对法律本身负责。生态环境质量监控的相对独立性有利于减少利益集团的干扰，提高生态环境质量监控的可靠性和客观性。实时同步的质量监控数据定期公开，也有利于发挥其对环境保护和生态建设系统内部的监督、激励功能，促进系统整体效率的改进。

权力制衡与监督是保证权力公正运行的必要条件。对于生态环境质量监控制度的建设同样如此，在保障其法律地位相对独立性的同时，在制度上对环境质量监控权力进行有效制衡既是保证其公正性的现实需要，也可有效控制衍生新的寻租空间的可能。现实中，一些污染企业利用环境监察制度的漏洞，以偷排、直排等损坏生态环境的方式获利，为此他们不惜向监察机构人员行贿，从而滋生出环保领域的大量消极腐败现象。环境质量监控一旦和企业以及部门利益挂钩，加之缺乏相互制衡的约束机制，就必然衍生出新的寻租空间，从而不利于生态文明建设的持续推进。

在新的制度和技术条件下，应充分借鉴国际先进经验，建立高效、开放的生态环境质量监控与管理模式，不断提升生态环境质量监控的精准性和效率性。

通过监控数据的多头同步管理与定期公开，充分调动外部监督，鼓励新闻媒体与人民群众关注和监督生态环境质量监控工作，形成全方位、无死角的社会监督模式，促进生态文明建设和环境保护的同步发展。

最后，要完善生态环境考核评价制度。生态环境的考核评价实质上是对环境保护和生态建设机构或部门的工作考核，也是对相关机构与部门主要领导的履职考核，是国际上通行的政府工作考核的重要内容。长期以来，我国生态环境考核评价制度的建设相对滞后，这也是导致生态环境恶化的一个重要原因。

现阶段，首要任务就是根据生态文明建设的目标任务和现实需要，把资源消耗、环境损害、生态效益成果、生态文明意识宣传等指标纳入生态环境考核评价体系。这不仅是对环保职能部门的业务工作考核，更是对地方政府政绩综合考核的重要组成部分，可以切实激励地方政府统筹地方环境保护和生态文明建设的积极性。

要明确生态环境考核评价的程序与主体。在环境质量监控数据详细可靠的条件下，生态环境考核评价的核心实际上是对环境保护与生态建设工作相对效率与成本的评价。具体而言，就是在生态改善程度科学可测的前提下，要对特定环保部门和地方政府生态建设工作中的组织成本、投入成本进行准确的评估与效率核算，以检视其工作中取得的成绩与存在的问题。这种考核工作关系到部门以及地方领导的核心利益，因此，必须在考核评价的程序与主题选择上，保证考核工作的客观、专业、公正、透明。这是保证考核结果具有权威性和公信力的基础，也是排除考核阻力、减少弄虚作假行为的必要条件。

要准确划分生态环境考核评价的领域和对象。生态环境问题的影响因素众多，涉及面太广，只有清晰地划分生态环境考核评价的领域和对象，才能控制考察成本，保证生态环境考核评价的可操作性、精准性和高效率。

要完善生态环境考核评价的依据和指标体系。任何考核评价工作的根本目的都是在正确评价与审视实际工情况的基础上，进一步发现和改正存在的不足与问题，以利于查找原因，改进工作，提高效率。因此，科学合理同时又具体而全面的指标体系是保证考核结果准确性的前提条件。

要强化生态环境损害责任追究制度。强大可信的责任追究机制是任何法律、制度有效性、权威性的充分条件。涉及生态环境损害的责任追究制度，在内涵上包括两个层次的基本内容。一方面，生态环境损害的责任追究是对直接损害生态环境主体法律责任的追究，在清晰核定生态损害程度的基础上，按照直接的生态修复成本及其衍生治理成本，从重追究其经济赔偿责任，损害超过某一限度则连带追究其刑事责任。只有在制度设置上加大环境损害的支付成本，才能从根本上遏制环境污染主体的机会主义行为，控制污染失控的局面。另一方面，生态环境损害的责任追究是对环保司法和行政执法机构及其人员的责任追究。再严密的法律规定与制度设置，都会存在一定程度的自由裁量空间和司法解释不能完全穷尽的模糊领域。从制度建设的层面来讲，这也是客观上衍生司法腐败的现实基础。因此，对司法和执法人员违法渎职行为的责任追究机制对于系统的良性运行更为重要。正如习近平总书记所深刻指出的："资源环境是公共产品，对其造成损害和破坏必须追究责任。”[①]“要建立责任追究制度，我这里说的主要是对领导干部的责任追究制度。对那些不顾生态环境盲目决策、导致严重后果的人，必须追究其责任，而且应该终身追究。真抓就要这样抓，否则就会流于形式。”[②] 这一理念与思路，不仅体现了党的十八大以后党中央对生态环境治理的重视，也为新时代中国生态环境损害责任追究制度建设提供了指南。

针对客观存在的问题，从根本上来说，完善生态损害责任追究的相关法律体系是当前阶段的第一要务。生态损害责任追究只有建立在权威法制规范的基础上，才具有权威性和可持续性。在法律层面，一方面要实事求是地依据生态修复的实际成本，加大对生态环境破坏违法行为的惩罚力度，切实提高违法行为的经济和社会成本，彻底改变违法行为主体的理性预期；另一方面，需要在法理和程序上弥补现有法律体系的漏洞，削弱基层执法的自由裁量权。同时健全对执法主体的监督制度，强化对环境执法渎职、腐败行为的打击力度。

逐步健全完善生态损害责任追究的行政处罚制度。从实际情况来看，完全有必要将行政处罚纳入更加细致的法制化轨道。一方面，要使每一项行政处罚具有明确的法律依据，但必须进一步提高处罚标准的清晰度与操作性，最大限度地压缩执法的自由裁量权，并向社会公布，增强透明度与公开性；另一方面，在程序上应进一步畅通行政申诉与仲裁的法律通道，增加行政处罚的合

① 习近平：《绿水青山就是金山银山》，《人民日报》2014 年 7 月 11 日。

②《习近平关于社会主义生态文明建设论述摘编》，中央文献出版社 2017 年版，第 100 页。

理性和社会公信力。

规范生态损害责任追究的具体程序。程序公正是保障结果公正的必要条件，在这个意义上，从来就不存在所谓忽略程序公正的结果公正。因此，环境保护与生态建设法律、法规的修正与完善，必须在法律程序上进行规范，不仅要对生态损害责任追究的启动、调查、申诉、决定等具体程序和条件进行规范，也要对每个环节和阶段的合理时间上限作出明确的规定，以提高司法效率，杜绝司法腐败。

（二）补足短板：建立健全环境保护多元共治体系

生态文明建设是一项复杂的社会系统工程，影响深远，不仅关系到社会短期利益结构的调整，更关系到民族发展前途和亿万民众及其子孙后代的切身福利。建立健全环境保护多元共治的治理体系是功在当代、利在千秋的伟大事业。党的十八大以后，环保新政所刮起的治理风暴，在短期内切实有效地遏制了生态恶化的趋势，生态建设开始进入日程，治理手段和法制建设的现代化水平都有了很大程度的提高，但生态环境改善与人民群众的实际需求之间还存在很大差距，生态建设与环境保护工作依然任重道远，必须在基础制度安排上发力，奠定持续进行生态文明建设的制度框架，形成稳固的多元共治的环境保护和生态建设治理体系。

首先，要增强政府主导环境保护的核心能力。完善的自然生态环境保护和治理体系理应成为各级政府的重大使命。政府主导的核心能力关键在于主导制度规则的执行与维护，尤其在我国当前法治化进程相对滞后的条件下，政府以行政法规推动环境保护和生态建设的力度与效率就成为短期内生态文明建设的关键。因此，当前阶段，结合行政管理体制改革的深入，以法制化途径规范政府行政管理体制，强化其环境保护和生态建设的公共责任，既是巩固和提高环境治理水平的关键，也是推进环境保护和生态建设法制化的重要切入点。

必须明确各级政府在生态保护中的法定职责边界和权限，使各级政府在环境保护中的事权、责任在法制化的框架内形成明确、具体规范的基础上，进一步强调、坐实责任追究机制，强化环境保护的制度性压力。同时，要适度提高环境保护与生态建设在政绩考核体系中的权重。这是短期内从根本上调动地方和基层政府环保积极性，消除环保行政不作为的关键举措。

积极推动环境保护及生态建设与治理配套政策的兼容性、协调性。要将环境保护与生态建设和地方宏观社会经济的发展结合起来，实现经济发展与环境保护的兼容，彻底改变二者非此即彼、互不相容的短视化、粗放型的社会经济发展模式，从根本上推动绿色发展的全面落地，奠定社会经济持续、健康发展的驱动机制。

其次，要完善企业环境保护的约束和激励制度。在现代工业化社会，工业产品生产与消费客观上构成生态环境损害的直接原因。随着技术进步，清洁生产装备和配套净化设施在工业生产中的推广，经济发展对生态环境的损害在一定程度上得到有效的缓解，但客观上也为企业在实际生产中的污染排放行为创造了投机机会。所以，必须在制度安排上提供约束和刺激企业追求应用和优化清洁生产技术的利益激励，同时限制和打击企业违法偷排、直排的机会主义行为。

根据当前阶段环境污染及治理的突出矛盾，缓解环境污染形势，有效遏制污染排放，尤其是企业违法直排、偷排的关键举措在于深化环保监察体制改革，切实管住企业的污染排放行为，使企业的违法排放无处可遁，大大提高其违规查处的概率，同时通过修法，大幅度提高其违法的经济与社会成本，纠正企业排放的机会主义行为，使得守法合规的生产排放成为其最优的理性选择。也只有做到这一点，才可能进一步产生驱动企业获取高效率、低成本绿色生产技术的利益激励。

对企业的违法排放行为加大打击力度的同时，在制度与政策上对企业守法合规的绿色生产行为提供必要的利益扶持与激励也是制度建设的基本内容。这种激励重点包括对企业实际减排进行适当比例的税收返还、对企业以减排为目的的设备改造与技术研发提供低成本的绿色金融支持、对企业直接的外部性治污或生态建设投资活动按法定比例抵税等，总之要从生态建设和环境保护的正向层面对企业进行有效的激励，调动企业积极参与生产以及研发的绿色发展方向，实现经济发展与生态保护的相互兼容，彻底摒弃经济发展必然以牺牲环境为代价的黑色发展模式。

总之，对企业实际排放行为的制度化有效约束与激励在某种程度上构成生态建设与环境保护的核心内容。经济发展与环境保护激励相容的绿色发展模式很大程度上取决于制度安排能否对企业绿色生产行为提供有效激励与约束。这种最佳状态的最终实现很大程度上又主要取决于政府的环境治理与生态保护行为能否达到制度安排的预期目标，为绿色发展提供适宜的环境条件。

再次，要建立健全公民环境保护参与机制。由于生态文明建设涉及面广，影响因素众多，建设过程所牵涉的社会利益非常复杂，急需广泛的民众参与才可能在既定的利益表达机制下形成社会合力，从而促进环境保护法律的通过与执行。

一方面，从社会治理的角度来看，广泛的社会成员参与是广大民众社会主体地位及其政治权利的重要体现；另一方面，从生态文明建设过程本身来看，只有民众的广泛参与，才能保证生态文明建设实践具有广泛的民意基础和驱动力，也才能充分调动广泛的社会关注与社会监督，纠正政府、企业等参与主体的行为偏差。

相对而言，在我国当前的生态文明建设实践中，民众参与的程度相对较低，客观上，我们需要在制度建设的层面确立民众参与的法律地位，充分保障民众参与的正当权利，在生态文明建设和环境保护的各个主要环节，尤其是在意见征集与反馈、生态损坏线索的举报与取证等民众广泛参与的主要环节，可充分利用现代信息技术条件，诸如微信公众号等多种平台工具，拓展民众参与环境保护的渠道与方式，降低民众参与成本，提高民众参与的话语权。

最后，要逐步完善生态风险评估机制。生态环境风险评估机制本质上属于环境保护和生态建设体系的预警系统，通过技术层面科学定量的分析，对威胁生态恶化的主要因素及其作用机制进行全面解析，预测趋势，全面评估可能存在的风险。毫无疑问，生态风险评估机制是防范系统性生态风险的最后一道闸门，可在重大生态损害发生之前根据主要污染因素开展有针对性的治理，防患未然。因此，逐步完善和优化生态风险评估机制对于环境保护和生态建设具有不可替代的重要意义。

严格来讲，我国还没有建立起专门的生态环境风险评估机制。目前环境风险评估的主要形式是领导评估和专家评估，专业的机构评估所占权重相对较小。因为专业性受限，领导评估往往由于个人偏好产生偏差，而专家评估虽然具有专业性，但受到占有数据和材料的限制，不能完全避免被误导的可能。专业机构评估往往兼具专业性和相对较全面的独立数据资料，评估结果更为客观可信。

因此，对于技术性和专业性要求较高的生态风险评估，应较多依赖有关专家和专业机构的评估结果。在评估基础数据材料客观真实的前提下，可分别组织有关专家和专业机构独立作出风险评价，一方面其评估结果可相互印证，另一方面，综合考量存在的分歧，可更为全面地认识与界定存在的潜在风险。

生态风险评估的关键前提条件是制定客观、科学的评估标准。任何特定的自然生态资产，无论是水体、大气、土壤还是森林、草原遭受破坏的风险识别与判断，都是严谨的科学问题，标准的制定必须精确、透明、无歧义。只有这样，评估标准才能产生公信力和权威性，从而赢得广泛认可。

五、以往鉴来：国内生态文明建设的案例分析

中国特色社会主义生态文明建设是社会主义现代化建设中的开创性事业，必须基于我国的国情，充分发挥党的领导的政治优势，从实际出发，以习近平生态文明思想为指导，充分发挥我们党实事求是的优良工作作风，扎扎实实地从具体问题做起，在社会主义生态文明建设实践中持续探索，总结经验，逐步优化我们的制度安排。当然，我们也绝不盲目排外，对于国外一些以事实

证明比较有效的做法与实践要做到兼收并蓄，为我所用。

党的十八大以来，在我国生态文明建设的推进中，生态破坏相对较为严重的地区如山西、内蒙古等，贯彻执行习近平生态文明思想得力，生态环境的改善取得了非常明显的效果。同时，原有生态环境基础保护较好的地区，如云南等省份，也取得了很大成绩。这两方面生态文明建设的经验总结对于学习贯彻习近平生态文明思想，在更大范围内促进生态文明建设具有重大意义。

（一）山西省：实现双赢的生态文明建设

作为传统的能源大省和生态洼地，山西省长期以来的生态欠账突出，生态破坏严重。党的十八大以来，山西省在生态文明建设上积极贯彻执行习近平生态文明思想，走出了一条生态效益与经济效益双赢的生态文明建设新路。

首先，以森林扩张为核心实施“生态兴省”战略。在以习近平同志为核心的党中央领导下，山西省委、省政府基于全省社会经济发展现状和环境保护与生态建设的现实基础，以突破单一型资源性产业发展模式为抓手，将产业结构转型与生态建设结合起来，提出了“生态兴省”的发展战略，同时根据本省环境治理和生态建设的实际，立足整个华北地区生态功能区建设的宏观视野，规划建设太行山水源涵养和风沙防治功能区，集中力量实施太行山绿化工程、三北防护林工程、京津风沙源治理工程和生态经济型平原林业工程，以人工造林为主题，统筹全省的生态文明建设。

几年来，山西省委、省政府以国家四大生态工程建设为主体，结合退耕还林、退耕还草等生态修复建设，综合统筹地方财政投入和国家生态建设专项资金，以高标准全力推动生态建设，极大地提高了全省森林覆盖率，各项生态功能区建设成果的巩固使得生态效益开始显现，以生态建设为依托的产业结构转型得到突破，在生态得到保护的同时，增加了农民收益，走出了一条集生态效益、经济效益和社会效益于一体的生态经济型可持续发展道路。

在生态文明建设五大体系的建设中，山西省委、省政府吸取以往建设质量难以保证的经验教训，严令禁止盲目追求造林面积的做法，以保证造林质量，对于层层加码，最后用一亩造林资金安排十亩造林任务的低标准、低质量造林模式设置高压红线，实行各级主要领导负责制，一旦触碰就严肃处理。截至目前，已基本实现全省森林覆盖率达到 23.5% 的预期目标。

在经济林建设上，山西省委、省政府要求将生态建设与促进农民增收、推动精准扶贫工作相结合，切实以增产增收增效为目标，以体制机制的创新为抓手，全力抓好干果经济林产业体系建设。为赢得市场，促进销售和产业链条的延伸，积极创造规模集聚效应，在全面拓展种植面积的基础上，更加注重技术和管理的跟进，以确保成活率和果品质量的提高。以丰产栽培综合技术、规范化管理为核心的技术服务深入田间地头，极大地提高了优良品种规模化栽培，形成了具有市场竞争力和规模效应的产业优势。干果经济林的成功建设在充分发挥生态功能的同时，优化了产业结构，提高了农民收入，是生态建设与经济发展结合的成功实践。

其次，以劣质地类造林为主推进造林计划。经过多年来持续的人工造林，截至党的十八大之前，山西省造林条件较好的东西部山区和晋北风沙区宜林地段的造林计划基本完成，进一步造林计划的覆盖范围大多是一些自然环境条件非常恶劣、造林难度较大的干石山坡地和盐碱地以及煤炭采空区。党的十八大后，全省规划的 200 万公顷的新增造林区中，超过 133 万公顷待造林地属于劣质地类。这些劣质地类，既是山西省今后造林绿化的难点，也是全省大幅度扩大森林资源总量的潜力所在。针对这一现实情况，山西省委、省政府坚持以质量保面积的做法，稳步推进人工造林工作的开展。强调必须依靠科学的造林方法，攻克劣质地类造林，以造林成活率为根本目标，稳扎稳打，确保实际造林效果，避免重复建设。到 2019 年年底，山西省已基本实现全省森林面积 400 万公顷的生态建设目标。

再次，注重强化管护，巩固生态建设成果。森林建设“三分造七分管”。山西省委、省政府高度重视幼林防护问题，对集聚了国家巨额投资和山西广大基层干部群众持续多年的心血换来的全省未成年新造幼林 130 多万公顷进行严格的防护管理，彻底改变了重造轻管的营林政策，把造林和管林置于同等重要位置，下大力气抓好补植补造、抚育管理和封山禁牧保护工作。由于山西省十年九旱的自然气候条件，一般情况下，山西造林需要连续补植、补造 2—3 次，年均 20%—30% 的新造林地块需要重造。在山西省委、省政府的统一决策和部署下，各级政府财政统一按照前 3—5 年内新造幼林面积落实补植、补造和管护资金的数额予以拨款，以保证及时进行幼林管护，巩固造林成果，坚决杜绝因管护不到位，造成前功尽弃的重复建设格局。

在加强幼林管护的同时，加大封山禁牧管护工作的改革创新力度。长期以来，山西省造林效果难以走出重复建设恶性循环的根本原因，除了气候干旱成活率偏低，需多次补种、补植外，另一个就是后期封山禁牧政策执行不到位导致的人为破坏与砍伐。为此，山西省委、省政府强力推进对新造幼林的封山禁牧管护，针对以往问题存在的症结，深化后期禁牧护林工作机制改革：明确规定各级政府对辖区林木资源安全保护的第一责任，引入市场机制，通过预售林木资源权与竞标外包管理维护权，确立林木管护的直接责任主体；将干果经济林的收益与管护责任挂钩，根据具体情况采取联户或分户经营管护；对于国有和生态区位具有特殊重大价值的集体所有生态林，实行集中专人管护，责任到人。总之，山西省林权到户改革，明晰了所有权、落实了经营权，使受益者成为履行幼林管护责任与义务的主体，极大地提高了幼林管护效果，巩固了造林成果。

最后，深入推进林权改革，重在制度建设。党的十八大以来，山西省生态文明建设取得阶段性突破的核心在于集体林权制度改革的深入，调整了生态建设中的利益关系，形成了全民共建的激励兼容。在林木得保护、农民得利益的目标导向下，山西省以极大的灵活性，深化管理体制改革，将国有林地资源的经营与受益权利，以及管理维护的责任外包给农民，一举解决了林地资源保护和农民增收问题。具体的改革原则是坚持林权维护责任到户，即允许按人分林分地到户，允许农户均股均利，将林权统一维护管理，股东集体决策。前者责任明确，权益划分清晰，后者则有利于规模化统一经营管理。

（二）内蒙古：立法固成效的生态文明建设

内蒙古自治区地处祖国北部边疆，东西横跨东北、华北、西北，是我国北方面积最大、种类最全的生态功能区，是三北地区重要的生态防线。党的十八大以来，内蒙古自治区大力推进生态文明建设，生态文明建设水平不断迈上新台阶，祖国北疆生态安全屏障进一步筑牢。

在以习近平同志为核心的党中央领导下，内蒙古自治区党委、政府继续加大退耕还林、退耕还草以及三北防护林、京津风沙源治理、天然林资源保护等国家重大生态建设的力度，累计投资 830 多亿元，使生态环境实现了“整体遏制、局部好转”的转变。到 2017 年，全区森林面积达到 2487.9 万公顷，森林面积居全国第一，比 1982 年增长 55.5%；森林覆盖率达 21.03%，比 1982 年提高 7.4 个百分点。全境超过 100 多个国有大型林场全面停止了天然林商业性采伐。经过规模化的生态治理，有效遏制了荒漠化发展的趋势，荒漠化、沙化面积历史性地实现了“双减少”。[①] 退耕还草持续推进，草原面积存量增加了 1400 万亩，2017 年草原植被盖度达到 44%，自然保护区面积达到 1267.7 万公顷，比 2000 年增长 65.6%，年均增长 3%。截至目前，全区共有自然保护区 182 个，比 2000 年增加 86 个，其中，国家级自然保护区 29 个，增加 19 个；自治区级自然保护区 60 个，增加 35 个。生态示范区建设试点单位增加到 25 个。

与此同时，为应对日益突出的水资源污染以及由此加剧的水资源短缺问题，内蒙古自治区执行最严格的水资源管理制度，实行用水总量、用水效率、水功能区限制纳污“三条红线”同时强力控制，水资源利用和污染治理指标坚决下沉，实现全区盟市、

---

① 郭启光、邢智仓:《内蒙古生态文明建设的经验与启示》,《实践》2019 年第 5 期。

旗县全覆盖。重点加强水功能区和入河湖排污口的监督管理，对全区579个水功能区和278个入河排污口实行全覆盖监测。2017年，全区重要江河湖泊水功能区水质达标率为72.6%，城镇集中式饮用水源达标率为100%，全区地表水国控断面水质优良比例为55.0%，劣V类比例为16.2%。大气污染防治不断强化。2017年，内蒙古空气质量平均达标天数占比为85.3%，比2015年上升4.5个百分点。可吸入颗粒物浓度（年均PM10浓度）呈逐年下降趋势，由2013年的146ug/m^{3}下降为2017年的98ug/m^3。沙尘暴由2008—2012年平均每年的1.6天下降到2013—2017年的0.5天。[①]内蒙古成为京津冀及周边7省区中空气质量改善幅度最大、空气优良天数最多的地区。

内蒙古自治区生态文明建设不断迈上新台阶，得益于法制建设。党的十八大以来，内蒙古自治区在生态文明建设中，坚持立法先行，不断完善生态文明制度建设，使得生态环境有法可依，有据可依。自2014年启动实施《关于加快生态文明制度建设和改革的意见》以来，内蒙古自治区已出台37项生态文明体制改革措施，制定了《内蒙古探索编制自然资源资产负债表总体方案》《领导干部自然资源资产离任审计试点实施方案》《党政领导干部生态环境损害责任追究实施细则》，极大地强化了各级政府部门和广大领导干部的环保责任意识，使得全区几乎全部的森林、草原、湿地、水和矿产资源得到了有效的保护和治理。

内蒙古自治区建立、实施了国土空间开发保护制度，根据自

① 郭启光、邢智仓:《内蒙古生态文明建设的经验与启示》,《实践》2019年第5期。

治区主体生态功能区规划，完成了生态红线的划定工作，前后公布 26 个旗县（市）开展草原红线划定试点，为环境保护和生态建设架好了“政治高压线”。同时积极参与国家排污权交易试点，制定《自治区开展碳排放权交易试点工作方案》，并先后组织全区 476 家企业探索试行主要污染物排污权交易。根据试点经验，建立了排污权有偿使用和交易制度体系，并在自治区内进行经验推广，推动了呼和浩特市和鄂尔多斯市与北京市、包头市和深圳市跨区域碳排放权交易等。

据统计，内蒙古自治区先后组织、制定和公布了近 200 件环境保护的法律、法规、标准和政府规章。尤其是党的十八大以来，根据习近平总书记强调的“要大胆地先行先试，积极推进生态文明制度建设和改革”，内蒙古密集出台了 30 余项有关生态保护建设的地方条例、规定、管理办法和实施意见，推动了生态文明建设的制度完善与发展，使生态文明建设步入制度化、法治化轨道。

（三）云南省：制度体系保障的生态文明建设

独特的地貌特征和气候条件塑造了云岭大地丰沛的生态资源，是云南省的宝贵财富，成为云南长期以来以旅游业为核心的绿色产业结构形成的基础。长期以来，云南省始终坚持“生态立省、环境优先”的发展思路，坚守产业发展的比较优势基础，坚定生态旅游产业的经济发展思路，主动承担区域发展的生态责任，走出了一条生态文明与经济发展相互协调促进的良性循环发展道路。党的十八大以来，云南认真贯彻落实习近平生态文明思想和习近平总书记考察云南时的重要讲话精神，积极践行绿色发展理念，进一步深化改革，建立健全环境保护和生态建设制度保障体系，真正实现了守护绿水青山、赚得金山银山的生态建设和经济建设的双赢，成为我国生态文明建设的排头兵。

首先，立足历史积淀，强力推进生态文明建设。党的十八大以来，云南省立足生态文明建设的历史积淀，在新的历史起点上再接再厉，制定实施了更高水平、更加全面的生态文明建设规划。集全省之力，组织实施了蓝天、碧水、净土“三大保卫战”和“八个标志性战役”。通过深入落实“河（湖）长制”，全面提高了境内九大高原湖泊的保护和治理，保证了九湖水质的稳定与好转，为长江等六大水系上游水质的持续改善作出了积极贡献。在积极保护和治理境内地表水系的同时，同步启动了城镇污水处理系统的技术升级，进一步提高了城市公共治污设施建设的水平与效率，进一步夯实了污染防治的软硬件基础。

其次，坚持绿色发展之路，助推经济发展。长期以来，云南省坚持以“生态立省、环境优先”发展战略为核心，以环境保护和生态建设为基础的经济发展思路，在全国率先实现了“产业发展生态化、生态发展产业化”的绿色发展模式；坚持产业结构调整的生态保护方向，坚决杜绝重污染产业在云南的扩张，坚持循环经济的发展导向，注重节能减排和能源利用效率的提高；紧紧围绕环境友好型社会建设的思路，坚持绿色发展，充分挖掘全省生态多样性、民族文化多样性、资源丰富的禀赋优势，将生态优势转化为经济发展优势。日积跬步，以至千里，云南省终于闯出了一条生态富民的绿色发展道路。

生态富民的发展成果使云南的干部群众得到了实惠，尝到了甜头，坚定了全省上下坚持绿色发展的决心和信心。在大力发展绿色生态产业的基础上，云南省居安思危，提出了进一步优化国土空间，巩固扩大生态安全格局的新能源发展思路。充分利用省内水利和光照资源丰富的优势，大力发展以水电、光伏为主的绿色能源产业。在传统农业领域，依托生态多样性、降水丰沛、气候温暖的条件，将其与生态旅游业相结合，大力发展高原特色农业，向规模与质量要效益，提高绿色农业规模，延长产业链条，促进各族群众尤其贫困群众增产增收。

环境保护和生态建设质量的提高与巩固，进一步提升了彩色云南"健康生活目的地"的生态旅游品牌，云南的蓝天白云、青山绿水，淳朴善良的民风、极具特色的高原绿色物产和少数民族文化，融合转化为强大的经济优势，驱动云南实现绿色崛起。

最后，注重制度建设，发挥制度引领作用。在良好的生态基础上，排除短期利益的干扰，持续坚持生态经济发展方向，不断推进生态文明制度体系的发展与完善，是云南成功实现绿色发展的关键。云南环境保护和生态建设领域的制度安排，从零散被动的"发现问题，解决问题"，"见子打子"式的法规制定，到系统性、前瞻性的环境保护和生态建设法规体系建设逐渐完善成熟，形成了产权清晰、多元参与、激励约束并重、系统完整的生态文明制度体系。党的十八大以来，云南省先后出台《关于争当全国生态文明建设排头兵的决定》《关于贯彻落实生态文明制度建设总体方案的实施意见》《云南省生态文明建设排头兵规划（2016—2020年）》等一系列生态建设发展战略规划，着力在制度建设层面下功夫，补足短板。根据党中央要求和自身发展规划，云南省实行了"河（湖）长"制，推出《县域生态环境质量监测评价与考核办法》，完善生态环境考核评价制度和生态补偿制度，同时积极申请承担国家生态文明建设制度创新试点，先后率先试行了国家公园制度、高原湖泊治理、海绵城市和低碳城市等制度创新形式。经过系统地经验总结，云南省综合环境保护和生态建设制度体系逐渐成熟，进一步夯实了云南持续绿色发展的制度基础和发展动力。

六、博采众长：国外生态文明建设的成功经验与启示

发达资本主义国家在工业化发展的早期阶段都曾存在极为严重的环境污染问题，且问题存在的时间和解决的过程普遍极为漫长。有效地借鉴国外发达国家，尤其是大国在环境保护和生态文明建设中的成功经验对于我国新时代的生态文明建设具有非常重要的参考价值和借鉴意义。

（一）美国：立法先行推动生态文明建设

作为当今世界最发达的大国和工业化先行国家，美国完整经历了从工业污染防治到生活污染防治，再到环境保护与生态建设的全过程，这从正反两个方面为我们提供了很好的借鉴样本，值得我们深入研究。

从制度建设的层面来看，美国一系列生态环境治理的举措取得成功，主要依赖于先进的环境立法理念。美国生态环境保护的法律体系大致包括三个层级：美国国会制定并通过的生态保护相关法律，这是美国环境保护的基本法；美国环境保护的联邦行政机构——联邦环保局以及各州地方性环境保护机构制定的规章；美国总统签署的针对环境突发事件的行政命令以及美国签署的有

关环境保护和生态建设的国际条约。以法律法规的制定和国际条约的签署为基础，美国国会和政府设置了一系列具有明确的法定权力与责任边界的环境保护机构。

美国环境保护和生态文明建设的核心是相关法律制度体系的建立与完善。美国19世纪90年代进入工业化、城市化飞速发展阶段，随着城市人口规模的急剧扩张和工业生产的空间集聚，工业生产中的污染排放和生活垃圾的无序处理逐渐衍生出局部环境污染问题，尤其是在工业城市民众聚集区。到20世纪五六十年代，严峻的污染形势激起了城市民众普遍而激烈的政治抗议，美国社会随之开启了对环境治理问题的社会运动。

1969年，美国国会通过《国家环境政策法案》，并于1970年正式施行，这是美国第一部综合性环境保护法律。该法的颁布奠定了美国环境保护的基础制度框架，标志着美国环境治理进入了一个全新阶段。《国家环境政策法》确立了环保执法和司法的流程与程序，明确规定环境影响评价制度以及环境政策的大众参与制度，不仅塑造了美国环境保护的制度框架，也对世界其他国家的环境保护立法产生了深远的影响。《国家环境政策法》将分散于农业部、内政部、原子能委员会等不同部门的环保职能进行了剥离，使其统一归并到新设立的联邦环境保护局，统一了环境保护行政权力，极大地提高了国家环境保护政策的执行效能。

至此，美国环境保护法律体系的基本制度框架基本完备，随后几十年都是在上述基础法律体系内针对新型环境事件进行完善。例如，1980年洛夫运河化学品污染事故遭曝光后，在公众的压力下，美国国会通过了《综合环境反应、赔偿和责任法案》；1990年在环保基金会的努力下，排污权交易被写入《清洁空气法案》修正案，通过排放权交易手段来控制二氧化硫排放；2016年，经过长达十几年的调查研究与后续遗留问题处理之后，美国国会针对利比镇石棉污染事件通过了《有毒物质控制法》修正案等。

总体来看，美国的环境保护机制其基础性的制度安排主要体现在以下几个基本方面。

建立了生态保护的市场机制。美国环境保护和生态治理制度的最大特点是充分引入市场机制，通过政策调整和制度规范，改变不同市场主体的理性行为模式，形成环境保护的社会合力。美国设立了不同的经济政策以激励企业主动守法，激励环境保护新技术的开发或更加有利于环境保护新产品的创新，缓解经济发展与环境保护的冲突，促进自然环境与经济社会发展的协调。在这个意义上，美国生态保护政策的主体内容都是经济政策。当然，我们必须看到，美国在制度层面对违法行为的严密监管与严厉打击是促成企业守法的制度基础。

推行生态补贴政策。美国的生态补贴或生态付费制度主要针对农业生产对生态环境造成的损害。相对而言，该项政策起步时间较晚，是在美国已经解决了工业化、城市化发展所衍生的环境保护问题之后，随着对生态环境研究的深入，从生态保持与修复的角度推出的环境保护举措。2002年出台的《农业法》对农业生态补贴进行了制度性规定。该法授权美国农业部实施土地休耕、水土保持、湿地保护、草地保育以及野生生物栖息地保护、环境质量激励等各个方面的生态保护补贴项目，要求以现金补贴和技术援助的方式把这些资金分发到农民手中。

实行自然保护区管理。美国首创的国家公园制度是世界范围内自然保护区的早期范例，旨在保护具有较高生态价值，相对奇缺或存在损害风险的珍贵自然资源和历史遗迹。早在 1872 年，美国就已经规划建设了世界第一个国家公园——黄石公园，使自然保护区成为有效保护自然生态资源的重要制度形式。随着管理中一些关键问题的涌现，相关制度法规的制定逐渐加快进程。1894 年，美国国会通过了旨在保护野生动物的《禁猎法案》。1916 年，为规范国家公园的管理，美国国会通过了《国家公园法案》。到 20 世纪 60 年代，美国国会通过了针对特定环境保护问题的专门法案，包括 1964 年的《荒野法案》、1968 年的《国家自然与风景河流法案》和《国家步道系统法案》等 。

从系统借鉴美国生态文明建设的成功经验的角度来看，我国目前亟须解决两个关键问题。一是要在建设社会主义法治国家进程中系统地梳理我国的环境监管制度、责任追究制度以及环境考核评估制度等基础性制度安排。在环境监督与监察方面，我国的制度性合力没有形成，政出多门，力量相对分散。各地环保部门与其他资源管理部门根据各自权限在不同领域行使环境管理职权，客观上分散了环境保护的力量，造成事权与责任区分的实际困难，从而削弱了环境保护的责任压力。二是要从根本上理顺企业以及社会在环境保护领域的利益激励，建立市场化的环境保护和生态建设机制。可以试点进行污染排放权的市场化改革，建设以排污权交易为代表的市场化环境保护和生态治理的全新模式。

（二）欧盟：制度完善强化环境保护机制

欧盟的环境保护机制在基础的逻辑框架上与美国大体一致，都是基于法治化的基本治理逻辑，在清晰界定不同政府机构的管理权限与责任边界的基础上，通过基础性的制度设置驱动市场机制在环境保护领域发挥作用，主要区别在于两者在涉及公共转移支付项目即生态补偿领域，基于不同环境条件和具体目标在做法上存在不同。

欧盟的环境保护立法经过了30多年的发展历程，从成员国各自为政，到形成共同的法律和行动，从以工业污染的防治为主，到全面的环境保护与生态建设，欧盟的环保行动与生态建设在全球生态治理中的地位日益重要。

1987年生效的《单一欧洲法》为欧盟的集体环保立法奠定了基础，该法确定了三个目标——保护环境、保护人类的健康以及谨慎和理性地利用自然资源，成为欧盟成员国共同行动的指南。1992年《马斯特里赫特条约》正式在法律层面塑造了欧盟可持续发展的共同理念与立法框架。1997年《阿姆斯特丹条约》把可持续发展和更高水平的环境保护确立为欧盟未来发展的优先选项，实质上使欧盟的环境保护法律成为上位法，其他领域的共同立法必须符合环保法条款。

迄今为止，欧盟在上述三项基本立法框架内已就环境保护和生态建设的共同立法形成了200多项成文的专门法令和法规，主体分别针对水污染、空气污染、化学制品处理、动植物区系的保护以及噪声和废物处理等基本的环境保护与治理问题。由于涉及众多主权国家，欧盟的共同环保立法除了确定共同目标与标准，更多地强调成员国应如何把欧盟确定的共同原则和目标转换成本国的法律。

进入21世纪，欧盟环境政策的治理方向开始从针对特定环境危害的末端治理，转向针对环境问题产生根源的一体化产品政策，逐步从结果管理向过程管理转变。2003年欧盟正式接受了一体化的产品政策理念。2005 年，欧盟正式颁布《耗能产品生态设计框架指令》（EuP 指令，*Eco-Design of Energy-using Products*），旨在通过对某些用能产品设计提出要求，从根源上把产品从生产到消费再到废弃、淘汰、回收整个生命周期对环境的影响降到最低限度。EuP 指令于 2007 年 8 月正式在欧盟成员国实施。

受美国生态保护实践的影响，欧盟在环境保护立法实践中总体上以调动、激励市场主体也就是企业在环境保护中的利益激励为重点。当然，欧盟在基础性法律设置中对政府行政体系在环境保护中明确的责任界定与追究机制同样详尽而明确。

欧盟环境保护的实践主要针对具体的污染控制进行统一的协调管理，具体包括废弃物管理、噪声污染、化学品污染、水污染、空气污染、保护自然和生态环境等。

在废弃物管理方面，欧盟的目标和思路是刺激与促进从产品生产、消费使用到废弃回收全流程的技术进步，在产品设计环节就要考虑减少废弃物的产生，从源头上对其加以控制。欧盟鼓励废弃物的循环和再利用，减少垃圾混烧造成的污染。在具体的经济政策上，欧盟秉持污染者付费原则，立法规定由产品制造商承担治理环境污染的费用，刺激制造商改善产品设计和生产工艺，从源头上减少污染的产生。近年来，欧盟立法机构通过的关于废弃物管理的法律，如报废机动车指令、废旧电器指令以及禁止在电子电气设备中使用有害物质的指令等，均体现了这一思路。根据产品污染的严重程度，欧盟优先制定了包装废弃物指令、电池指令、矿物油指令及有关废弃物填埋、焚烧的具体规定。在有害废弃物国际转运处置方面，欧盟加入了《巴塞尔公约》，禁止向非经合组织成员国转移有害废弃物。

在防治噪声污染方面，欧盟制定了除草机、机动车、民用航空器及其他户外使用设备等机械设备的最大噪音标准。

化学物质的大量使用对环境的负面影响不容忽视，对化学品的管理一直是欧盟环境政策的重要内容。为加强对化学物质的管理，欧盟先后通过了关于限制销售和使用某些危险化学物质的指令和危险化学物质分类、包装及标签指令等，以加强对化学物质的管理。

欧盟水资源保护的统一立法，经过多年的发展已经非常成熟。目前，欧盟已经针对水资源的功能区、水质、污染物（包括危险物）的排放、某些特定的生产工艺和产品标准等四个方面进行立法。总体上是根据水域的具体用途划定水功能区，制定相应的水体质量标准和有害物质排放标准，对水体进行资源保护。

欧盟针对大气污染防治的共同立法起步较晚。20 世纪 80 年代中期，随着大气污染的加剧、酸雨的形成以及臭氧层的持续破坏，欧盟才逐渐加强了对空气污染的立法防治。迄今，欧盟针对大气污染问题的防治已经颁布了近 20 项法规和指令，签署了 9 项公约，形成了一套非常成熟完善的大气污染防治法规体系。当前欧盟地区的总体空气质量已经成为全球最优的区域之一。

通过欧盟的生态文明建设实践，我们可以很清晰地看到欧盟对美国环境保护制度的学习与借鉴，特别是在环境保护基础制度框架方面。欧盟给我们的最大启示在于环境保护中的策略选择与有效执行。欧盟环境保护的法律与政策在落地过程中的执行策略，主要表现在两个方面：一是循序渐进，逐步渗透。欧盟注重将生态环保理念渗透于经济发展全过程，强调在法律执行细节上强化利益激励，营造自觉保护生态环境的良好法治氛围。二是

“政府 + 市场”双重保障的环境保护模式。在政府与市场关系明确、政府法定履职责任与权力边界得到清晰界定并得到有效监督的条件下，政府在环境保护中的主要职责包括主导游戏规则的制定与强力执行，注重引入市场竞争机制，充分调动和激励各市场主体参与环境保护的积极性。

（三）日本：系统政策助力生态文明建设

日本的环境保护伴随着工业化发展走过了漫长的立法与实施过程。20 世纪 50 年代之前，日本的环境问题尚未完全凸显，工业化发展导致的环境污染问题尚未引起全国性重视，污染防治的立法处于相对分散的地方性法规层次，如《大阪府煤烟防治条例》（1932 年）、《东京都工厂公害防治条例》（1949 年）、《神奈川县企业公害防治条例》（1951 年）、《东京都噪声防治条例》（1954 年）以及《大阪府企业公害防治条例》（1954 年）等。

20 世纪 50 年代末之后，随着工业化发展加速，日本环境污染问题日益严重，逐渐演变成举国关注的问题。日本的环境保护运动由此正式开启，一系列全国性环境保护的法律法规开始密集出台。

日本大规模环境保护立法首先是从水体污染防治开始的。1956 年制定《工业用水法》，1958 年先后颁布《关于公用水域水质保护法》《下水道法》《关于水洗煤炭业的法律》等，1962 年颁布《关于限制建筑物采用地下水法》。至此，日本针对水污染防治的法律体系框架基本完善。

20 世纪 60 年代，日本环境保护立法的范围开始拓展。1967 年颁布的《公害对策基本法》将大气污染和噪声污染纳入法制管理范围；1968 年颁布《大气污染防治法》《噪声控制法》《城市规划法》，是针对大气污染和噪声污染治理的正式法律规范。

20 世纪 70 年代，针对环境保护法律体系实施暴露出来的种种问题和新的现象，日本逐步完善环保法律体系。1970 年，日本制定《防治公害事业费企业负担法》《关于处理与清理废弃物品法》《海洋污染防治法》《关于公害损害人体健康犯罪处罚法》等法律，修改了《公害对策基本法》《噪声控制法》《大气污染防治法》《道路交通法》《自然公园法》《毒品与剧毒品管理法》《下水道法》《农药管理法》等八项已有的公害法律，从国家专门法的框架内弥补了原有法律体系存在的漏洞与不足。随着电子工业的进步与规模化发展，日本也产生了新的高技术污染和化学物质污染问题，日本政府随后制定实施了“阳光计划”和“月光计划”，鼓励新能源的开发和利用，同时制定地球环境技术开发计划，促进技术进步。

20 世纪 90 年代，日本大力鼓励和推广循环经济，促进环境保护，先后颁布实施了《再生资源利用促进法》《容器包装回收再利用法》《环境影响评价法》《家电回收再利用法》《循环型社会形成推进基本法》《建筑材料回收再利用法》《汽车回收再利用法》等。到 90 年代末，日本制定“环境立国”的新战略，把循环经济作为 21 世纪日本社会发展的前提。

进入 21 世纪，日本继续坚持环境保护及可持续发展方向，《容器包装循环法》《家庭电器循环法》《再生资源利用促进法》等促进循环经济发展的法律相继颁布。2010 年 5 月召开“环保国会”，日本参众两院表决通过了《推进建立循环型社会基本法》《促进资源有效利用法》等多项法律，提出建立“环境之国”的主张。

众所周知，日本是目前世界主要工业化国家中生态环境质量最优的国家之一。总结日本环境保护的经验，其核心要点主要体现在以下两个方面。

第一，日本环境立法非常完备，具有极强的操作性，加上其相对高效的司法体系，使环境治理的整体效果举世瞩目。目前，日本建立了政府、企业、民众“三轮驱动”的工业垃圾回收系统，这一循环经济理念不仅得到法律的支持，也在各大公司和民众当中产生了积极影响。日本各大公司都根据自己的技术储备和利益激励，来更新工业垃圾“零排放”的技术发展日程表。目前，日本的“环境 ISO 14000 系列”认证活动与环境会计制度在企业中迅速普及，社会上环境保护的非政府组织也呈现出蓬勃发展的趋势。

第二，在社会管理层面，日本实施节能产品标签制度，每年都会更新产品的“节能性能目录”，向消费者提供家电产品节能相关信息，鼓励消费者购买节能产品。日本社会公共设施管理也以实现综合节能为基本管理目标，如规定政府办公楼温度为 28 度，号召企业和商业建筑参照此标准执行。日本的环保教育广泛而深入，小学阶段就开设了环保必修课，学校定期组织与环保有关的活动，让学生们将家里的生活废弃物带到学校，卖到废品回收站，所得款项可以购买学习用品。环保理念潜移默化，已经深入学生内心。

以法治为基础，立法先行，是包括日本在内的绝大多数国家生态文明建设的基本经验。从具体的立法和司法实践来看，日本早期与我国当前阶段的环境保护立法实践比较接近，都是以地方立法为主进行区域性的环境保护。一直到环境问题上升为全国性、系统性问题时，立法层级才逐步提高到国家层面。从环境保护的立法实践来看，日本坚持问题导向，注重法律的可操作性和技术细节，这值得我们学习借鉴。在环境立法中注重细节，可以减少司法解释和执法中的自由裁量空间，有利于明确事权责任，促进法律执行的透明度，促进系统资源的合理配置，从而提高立法和司法实践的现实针对性，以促进问题的解决。同时，相对清晰的责任边界和奖惩细则有利于促进社会监督，促进全员参与的环境保护动员机制的形成，提高环境保护和生态建设的系统效率。

七、结语

“良好的生态环境是最普惠的民生福祉。”“良好生态环境是最公平的公共品。”在当前，良好的生态环境已经成为我国决胜全面建成小康社会的前提条件。追求良好的生态环境就是追求美好的幸福生活，这已经成为人民群众发自内心的呼唤。只有为人民创造更为优越、更为安全的生态环境，提升人民的生态获得感和安全感，才能建成真正意义上的全面小康。

党的十八大以来，习近平总书记站在时代的高度提出了“绿水青山就是金山银山”“山水林田湖草是一个生命共同体”“坚持人与自然和谐共生”等一系列国家发展新理念新论断，深切回应了人民的需求，生态文明建设被纳入中国特色社会主义“五位一体”总体布局和“四个全面”战略布局中。在指导我国生态文明建设的伟大实践中，以习近平同志为主要代表的中国共产党人，在深刻把握我国经济、社会以及生态实际国情的基础上，汲取全党智慧，逐步形成了习近平新时代生态文明思想，成为新的历史条件下我国生态文明建设的指导思想。

作为习近平新时代中国特色社会主义思想的重要组成部分，习近平生态文明思想是顺应新时代社会主义现代化建设理论需要的产物，是对新时代中国人民对美好生活向往的理论回应。习近平生态文明思想不仅为我们指明了生态文明建设的方向与任务，还对生态文明建设的基本路径和方法进行了全面的分析与论述，在紧紧围绕生态文明建设主题的同时，兼顾了我国未来社会经济发展的协调与统一，是新时代马克思主义中国化的重要理论成果。

历史已经证明，只有在中国共产党的领导下走社会主义道路才能救中国。历史还将继续证明，也只有在中国共产党的领导下走中国特色社会主义道路才能实现中华民族的伟大复兴，才能将人民对美好生活的向往变成现实。

在党的坚强领导下，通过改革开放 40 多年的时间，我们完成了发达国家将近 200 年才完成的工业化发展进程，创造了经济腾飞的“中国奇迹”，史无前例地提高了中国人民的生活水平。在整个社会主义现代化建设的历史征程中，我们基本完成了“从无到有，从少到多”的量变积累。

中国特色社会主义进入新时代，我国经济发展和人民生活的持续改善已经发展到“由有到优，由多到好”的质变升华阶段。全党和全国各族人民只有紧紧团结在以习近平同志为核心的党中央周围，在党的坚强领导下，充分发挥中国特色社会主义制度和国家治理体系的显著优势，以科学高效的顶层设计，系统全面的法治建设，有组织地系统推进生态文明建设，才能够再次创造生态环境极大改善、人民生活水平极大提高的“中国奇迹”。

参考文献

一、著作类

1. 习近平:《摆脱贫困》，福建人民出版社 1992 年版。

2. 习近平:《干在实处　走在前列——推进浙江新发展的思考与实践》，中共中央党校出版社 2006 年版。

3. 习近平:《在第十二届全国人民代表大会第一次会议上的讲话》，人民出版社 2013 年版。

4. 习近平:《在纪念孔子诞辰 2565 周年国际学术研讨会暨国际儒学联合会第五届会员大会开幕会上的讲话》，人民出版社 2014 年版。

5. 习近平:《做党和人民满意的好老师——同北京师范大学师生代表座谈时的讲话》，人民出版社 2014 年版。

6. 习近平:《青年要自觉践行社会主义核心价值观——在北京大学师生座谈会上的讲话》，人民出版社 2014 年版。

7. 习近平:《携手消除贫困　促进共同发展——在 2015 减贫与发展高层论坛的主旨演讲》，人民出版社 2015 年版。

8. 习近平:《为建设世界科技强国而奋斗——在全国科技创新

大会、两院院士大会、中国科协第九次全国代表大会上的讲话》，人民出版社 2016 年版。

9. 习近平:《决胜全面建成小康社会　夺取新时代中国特色社会主义伟大胜利——在中国共产党第十九次全国代表大会上的报告》，人民出版社 2017 年版。

10.《习近平谈治国理政》第 1 卷，外文出版社 2018 年版。

11.《习近平谈治国理政》第 2 卷，外文出版社 2017 年版。

12.《习近平关于协调推进“四个全面”战略布局论述摘编》，中央文献出版社 2015 年版。

13.《习近平关于全面建成小康社会论述摘编》，中央文献出版社 2016 年版。

14.《习近平关于科技创新论述摘编》，中央文献出版社 2016 年版。

15.《习近平关于社会主义经济建设论述摘编》，中央文献出版社 2017 年版。

16.《习近平关于社会主义社会建设论述摘编》，中央文献出版社 2017 年版。

17.《邓小平文选》第 2 卷，人民出版社 1994 年版。

18.《邓小平文选》第 3 卷，人民出版社 1993 年版。

19.《江泽民文选》第 2、3 卷，人民出版社 2006 年版。

20.《中华人民共和国法律汇编（2015）》下册，人民出版社 2016 年版。

21. 卡尔・波兰尼:《巨变：当代政治与经济的起源》，黄树民译，社会科学文献出版社 2013 年版。

22. 李工真:《德意志道路：现代化进程研究》，武汉大学出版社 2005 年版。

二、报纸期刊类

1. 习近平:《推动我国生态文明建设迈上新台阶》,《求是》2019 年第 3 期。

2.《在欧美同学会成立 100 周年庆祝大会上的讲话》,《人民日报》2013 年 10 月 22 日。

3.《习近平致国际教育信息化大会的贺信》,《人民日报》2015 年 5 月 24 日。

4.《习近平在北京市八一学校考察时强调　全面贯彻落实党的教育方针　努力把我国基础教育越办越好》,《人民日报》2016 年 9 月 10 日。

5.《习近平强调高举中国特色社会主义伟大旗帜　为决胜全面小康社会实现中国梦而奋斗》，新华社 2017 年 7 月 27 日。

6.《习近平在统筹推进新冠肺炎疫情防控和经济社会发展工作部署会议上的讲话》,《人民日报》2020 年 2 月 24 日。

7.《邓小平作出扩大派遣留学生的战略决策》,《光明日报》2009 年 9 月 30 日。

8. 陈宝生:《落实　落实　再落实——在 2019 年全国教育工作会议上的讲话》,《人民教育》2019 年第 Z1 期。

9. 李斌:《衡水中学到底哪里不正常》,《中国青年报》2014 年 10 月 23 日。

10. 李玲、江宇:《必须坚持基本医疗卫生事业的公益性》,《求是》2017 年第 7 期。

11. 魏峰:《改革开放 40 年我国农村教育发展：成就、动力与政策演进特征》,《基础教育》2018 年第 6 期。

12. 钟登华:《深入推进教育信息化 2.0 发展更加公平更有质量的教育》,《中国教育信息化》2019 年第 7 期。

13. 袁利平、丁雅施:《我国教育扶贫政策的演进逻辑及未来展望——基于历史制度主义的视角》,《湖南师范大学教育科学学报》2017 年第 4 期。

14. 付卫东、曾新:《十八大以来我国教育扶贫实施的成效、问题及展望 ——基于中西部 6 省 18 个扶贫开发重点县（区）的调查》,《华中师范大学学报（人文社会科学版）》2019 年第 5 期。

15. 王弟海:《中国教育发展 70 年：基于宏观数据的分析》,《财经智库》2019 年第 5 期。

16. 管培俊:《新时代中国高等教育的使命》,《中国高教研究》2017 年第 12 期。

17. 林克松、石伟平:《改革语境下的职业教育研究——近年中国职业教育研究前沿与热点问题分析》,《教育研究》2015 年第 5 期。

18. 孟照海:《教育扶贫政策的理论依据及实现条件——国际经验与本土思考》,《教育研究》2016 年第 11 期。

19. 张恩俭:《浅议基础教育的“教育公平》,《山东省青年管理干部学院学报》2007 年第 6 期。

20. 冯帮、李紫玲:《从“超级中学”现象看城乡子女教育公平问题——以湖北省 D 市为例》,《教育发展研究》2014 年第 2 期。

21. 叶水涛:《事实与价值：衡水中学的是是非非》,《中国教育学刊》2015 年第 5 期。

22. 黄晓婷、关可心、熊光辉、陈虎、卢晓东:《“超级中学”公平与效率的实证研究——以 K 大学学生学业表现为例》,《教育学术月刊》2016 年第 5 期。

23. 文东茅、刘大立:《从经费收支看“民办公助”学校的发展》,《教育科学研究》2001 年第 11 期。

24. 王静、李雪平:《谁为“民办公助”教育的结果埋单》,《太原师范学院学报（社会科学版）》2010 年第 6 期。

25. 李雪丽:《试析北京地区“民办公助”学校的变革》,《首都师范大学学报（社会科学版）》2009 年第 1 期。

26. 陈德泉:《德国双元制职业教育的重新审视》,《中国高教研究》2016 年第 2 期。

27. 黄兆信、刘丝雨、张中秋:《新加坡大学生创业教育的成功经验及启示》,《高等工程教育研究》2016 年第 4 期。

28. 邹瑞睿:《新加坡大学生创新创业教育特色及其启示》,《合作经济与科技》2017 年第 9 期。

29. 李讯:《德国住房租赁市场发展的主要经验及启示》,《金融发展研究》2011 年第 10 期。

30. 郭启光、邢智仓:《内蒙古生态文明建设的经验与启示》,《实践》2019 年第 5 期。

三、网站类

1.《习近平会见全国体育先进单位和先进个人代表等时强调

发展体育运动增强人民体质　促进群众体育和竞技体育全面发展》，新华网 2013 年 8 月 31 日。

2.《习近平春节前夕赴四川看望慰问各族干部群众》，新华网 2018 年 2 月 13 日。

3.《习近平：要做身体健康的民族》，新华网 2018 年 4 月 11 日。

4.《习近平：2020 年将全面建成小康社会，实现第一个百年奋斗目标》，新华网 2019 年 12 月 31 日。

5. 马晓伟:《做到“两个分开”，实现分级诊疗》，中国新闻网 2019 年 3 月 8 日。

6.《推进美丽中国建设——党的十八大以来生态文明建设成就综述》，新华网 2017 年 8 月 12 日。

7. 滕建荣:《抓住医改“牛鼻子”推进分级诊疗制度建设》，新华网 2018 年 3 月 18 日。

8. 任泽平:《中国住房过剩还是短缺？》，凤凰网 2019 年 2 月 16 日。

9.《新中国奇迹：森林覆盖率约 8.6% ↗ 22.96%》，央视新闻网 2019 年 8 月 16 日。

10.《国家药监局：已应急批准 10 家企业生产核酸诊断试剂日产能达 170 万人份》，环球网 2020 年 2 月 25 日。

11.《驰援，武汉战“疫”中的央企力量》，新华社 2020 年 2 月 24 日。

后　记

2020年，是一个特殊的年份。在这一年，我们决胜全面建成小康社会，实现第一个百年奋斗目标。于是，2020年伊始，我们三位从事政治经济学研究的青年人便决定，要为这样一个具有里程碑意义的大事件献上一束鲜花，以表达我们在亲历这样伟大时刻时内心的激动、振奋和对祖国、对人民的祝福。现在，这束花以这本小册子的形式呈现出来，虽然并不芬芳怡人、娇艳欲滴，但绝对饱含深情、情真意切。

2020年，是一个特殊的年份。在这一年，突如其来的新冠肺炎疫情，让我们每一个人的生活都发生了变化。还记得2020年年春，在全国人民齐心抗疫的那段日子里，我们也封闭在家中，一边关注抗疫的进展，为武汉加油；一边埋头写作，我们关心教育、关心医疗、关心住房和生态，希望用文字表达我们对抗疫胜利后更加美好生活的热切期待。那段时间的写作，给我们留下了极深的记忆，我们笔下记录着的党带领人民群众攻坚克难、建成小康、追求美好生活的伟大历程，更让我们坚信抗疫的胜利必将到来。

2020年，是一个特殊的年份。决胜全面小康和抗击新冠肺炎疫情这两件大事相互交织，给我们出了一道难度极高的考题——既要做好疫情防控工作、保卫人民生命和健康安全，又要稳定社会经济发展。2020 年 2 月 23 日在统筹推进新冠肺炎疫情防控和经济社会发展工作部署会议上，习近平总书记就为解答这道难题指出了路径："在确保疫情防控到位的前提下，推动非疫情防控重点地区企事业单位复工复产，恢复生产生活秩序，关系到为疫情防控提供有力物质保障，关系到民生保障和社会稳定，关系到实现全年经济社会发展目标任务，关系到全面建成小康社会和完成'十三五'规划，关系到我国对外开放和世界经济稳定。"[①] 正是因为有了人民万众一心、同甘共苦的团结伟力，有了党的坚强领导和辩证统筹的智慧，我们才能在较短时间内打赢疫情防控阻击战，同时使经济社会发展迅速得到恢复，抗疫成就和经济社会恢复水平均走在全球前列。2020 年第二、三季度，我国经济已经接近恢复正常增长，四季度的经济增长进一步加快，全年增长 2.3%，是全球唯一实现增长的经济大国，为全面建成小康目标的实现打下了坚实基础。

其实，无论是抗击疫情的坚决，还是全面建成小康社会的坚定，都来自一个庄严的承诺——人民对美好生活的向往，就是我们的奋斗目标！人民群众是我们党的立党之本、执政之基、力量之源。只有让人民群众过上幸福美好生活，才能体现社会主义制度的优越性，才能夯实党执政的阶级基础和群众基础，才能凝聚实现中华民族伟大复兴中国梦的磅礴力量。因此，在抗

① 习近平：《在统筹推进新冠肺炎疫情防控和经济社会发展工作部署会议上的讲话》，人民出版社 2020 年版，第 17 页。

击新冠肺炎疫情、保护人民生命安全面前，我们必须不惜一切代价，而我们也能够做到不惜一切代价；同样，在全面建成小康社会、为人民创造更幸福生活的目标面前，我们也绝不会停滞懈怠。疫情冲击阻挡不住我们实现全面小康的步伐，全面建成小康社会的时刻即将到来。

在2020年年底召开的党的十九届五中全会上，习近平总书记指出："预计今年我国国内生产总值超过100万亿元人民币，人民生活水平显著提高，现行标准下农村贫困人口全面脱贫，'十三五'规划确定的发展目标可以如期完成，全面建成小康社会目标可以如期实现。……明年上半年党中央将对全面建成小康社会进行系统评估和总结，然后正式宣布我国全面建成小康社会。"①

让我们一起期待全面建成小康社会这个伟大时刻的到来！同时，也正像我们在这本书的书名中写到的那样，朝向美好生活的奔跑不会停止，为人民幸福的奋斗没有终点！

作者

2020年12月

① 习近平：《关于〈中共中央关于制定国民经济和社会发展第十四个五年规划和二〇三五年远景目标的建议〉的说明》，新华社北京2020年11月3日电。

图书在版编目（CIP）数据

全面建成小康社会　奔向美好生活新时代 / 杨静，张晨，封世蓝著 .
—北京：东方出版社，2021.6
ISBN 978-7-5207-1792-2

Ⅰ . ①全…　Ⅱ . ①杨…　②张…　③封…　Ⅲ . ①小康建设—成就—中国
Ⅳ . ① F124.7

中国版本图书馆 CIP 数据核字（2020）第 245536 号

全面建成小康社会　奔向美好生活新时代
（QUANMIAN JIANCHENG XIAOKANGSHEHUI BENXIANG MEIHAOSHENGHUO XINSHIDAI）

作　　者：杨　静　张　晨　封世蓝
策　　划：姚　恋
责任编辑：张洪雪　李志刚
出　　版：东方出版社
地　　址：北京市西城区北三环中路 6 号
邮　　编：100120
印　　刷：北京联兴盛业印刷股份有限公司
版　　次：2021 年 6 月第 1 版
印　　次：2021 年 6 月第 1 次印刷
开　　本：700 毫米 ×960 毫米　1/16
印　　张：17.5
字　　数：210 千字
书　　号：ISBN 978-7-5207-1792-2
定　　价：49.80 元
发行电话：（010）85924663　85924644　85924641
